东坡眷恋的宜兴

孙文华　主编

文匯出版社

编委会

序

"买田阳羡吾将老，从初只为溪山好。"苏东坡《菩萨蛮》里的阳羡就是今天的宜兴。东坡与宜兴的缘分始于宋仁宗嘉祐二年（1057）。当初他与同榜进士蒋之奇、单锡等宜兴人士一见如故，在琼林宴上定下"鸡黍之约"。自此，他一生多次来到宜兴，在此开堂讲学、买田置业、捐玉造桥、写诗题词，并希望自己能够在宜兴安家，颐养天年。

世人都爱东坡，爱他的豁达乐观，爱他的幽默风趣。岂不知这达观、通脱的个性是从坎坷中来的。正所谓："竹杖芒鞋轻胜马，谁怕？一蓑烟雨任平生。"正所谓："试问岭南应不好，却道：此心安处是吾乡。"因为经历了曲折，才会养成同情之心，才会懂得善待不幸之人；因为遭遇了不平，才会养成坚毅之心，才会懂得勉励后进之士。东坡的豁达气度，是天性使然，也是磨砺使然。有多少次的踟蹰独行，才会有多少次的随遇而安，也才会有"雪芽我为求阳羡""阳羡溪头米胜珠""眷此邦之多君子"的感慨。

东坡与宜兴的相遇，是温馨安宁生活的召唤，是亲友相邻饱含温情的召唤，也是人之杰与地之灵的相遇。从湖㳇的单家巷到蜀山脚下的东坡书院，从蛟桥题碑到闸口海棠，还有流传于世的《楚颂帖》《阳羡帖》……东坡在宜兴留下了太多的足迹、太多的印痕、太多的眷恋。

如今，九百多年过去了，宜兴人始终在深深感念着东坡的精神、气派，传承着东坡先生的文脉、诗情。崇文厚德、耕读传家的江南小城宜兴，也早已成为闻名于世的院士之乡、教授之乡、书画之乡。

近年来，宜兴围绕东坡文化这张闪亮的名片，从东坡文化的挖掘传承、活化利用入手，在东坡文旅景点景观的兴建完善、东坡文旅主题推介、东坡戏曲歌曲故事创作等各方面发力，全方位打造东坡文化IP，进一步丰富了宜兴的文化标识。

作为"东坡的又一个家""第二故乡"，宜兴的山水、宜兴的文脉、宜兴的富足，早已如先生所愿，美好而动人。《东坡眷恋的宜兴》一书将追寻先生在宜兴的足迹，生动形象地展示新时代宜兴的山水人文风情和经济社会发展成就，这也是对东坡先生的一种深深的眷恋。

谨以此书献给我们的挚爱——东坡先生。

康震

（作者系北京师范大学文学院教授、博士生导师）

穿越千年香如故

有人说，苏东坡的一生，如同梅花的一生。无意苦争春，只有香如故。

而我想说的是，苏东坡与宜兴的情缘，穿越千年香如故。

虽然，他离世已经九百多年，但我们仍然能清晰地感觉到他的存在，风神俊朗，一袭青衫，几缕美髯。想起他的时候，我们总会漾起亲切敬佩的微笑。

一个有意思的问题是，有着盖世才华的苏东坡，一生大起大落，三次被贬谪，经历了那么多风雨，见过这么大的世面，却对宜兴一往情深，九次来宜，两次给神宗皇帝写奏章，"乞求归宜兴居"，这是对宜兴何等的深情？

近来流行"双向奔赴"这个热词。我想，苏东坡与宜兴，大概是再经典不过的"双向奔赴"了。

嘉祐二年（1057），苏轼、苏辙兄弟与宜兴人蒋之奇、单锡同时考中进士。在皇帝设宴招待的琼林宴上，众人比肩而坐，侃侃而谈。我们现在无法知道，蒋之奇和单锡是如何描绘宜兴的，大概不外乎，宜兴有山有水，湖中有鲜，山里藏珍，宜兴人诚恳厚道等等。听得东坡很神往，当即立下"鸡黍之约"，以后到宜兴来游玩，到宜兴来居住。

这个约定成就了苏东坡和宜兴的终生情缘。

在往后的几十年里，东坡来宜访友、考察茶事、买田、将外甥女许配给单锡、携海棠亲植于邵氏花园……

他是那样喜欢宜兴的山水。计划退休后在宜兴养老定居。《楚颂帖》里写道："吾来阳羡，船入荆溪，意思豁然。如惬平生之欲，逝将归老，殆是前缘……"

宜兴能够满足他对美好生活的向往。他想在宜兴种柑橘，园子落成，当作一亭，名曰楚颂。

元丰二年（1079）发生了"乌台诗案"，他被关押了一百多天，出来后被贬黄州。没多久，他又被贬往汝州。茫然四顾中写下"归去来兮，吾归何处？万里家在岷峨。百年强半，来日苦无多"的词句。

要回去了，能够回哪儿去呢？故乡在眉州万里之外，我年过半百，未来的日子已经不多了。到底哪里是家？

何处慰风尘？宜兴是他梦牵魂绕的地方，被视为第二故乡。

在去汝州的路上，他一连两次给皇帝上表，要求改派常州作为居住地。在《乞常州居住表》奏章里，他讲了自己的难处，大意是：一大家子从黄州坐船北归，旅途艰险，小儿子不幸夭折。到泗州，离河南汝州尚远，旅费花完了，很难再走陆地。又没有房子居住，没有田地可耕食，饥寒之苦，近在朝夕，希望皇帝仁慈，允许在宜兴居住。

这急切的愿望终于获得神宗批准。他是那样欣喜，写下《归宜兴留题竹西寺三首》，题目中用了"归宜兴"，这个"归"字意味着回到家，他要在宜兴安顿下来。"此生已觉都无事，今岁仍逢大有年。山寺归来闻好语，野鸟啼花亦欣然。"

这辈子再也不会有什么事了，正好今年又碰上丰收年。从山里的寺庙里回来，听到了好消息，连鸟儿和花朵也在为我高兴。

他是那样喜欢宜兴的风物。有次来宜兴，与单锡泛舟荆溪，写下"惠泉山下土如濡，阳羡溪头米胜珠"。他喝了宜兴的好茶，自己设计"东坡提梁壶"。他还将"松风竹炉，提壶相呼"这句话刻在茶壶上，展现茶人煎茶、饮茶的画面。

他是那样喜欢宜兴的人情。蒋之奇帮他在宜兴买田安家，托自己的堂弟蒋公裕照管苏家在宜兴的田产。他落难时，连亲友都怕被牵连而躲避，宜兴人却厚道待之。被贬惠州时，儿子苏迈、苏迨带家眷在宜兴生活，音信隔绝，忧心不已。宜兴老友卓契顺说出了最暖心的话——"惠州不在天上，行即到耳"，随即涉江度岭，徒行露宿为他带去家书。东坡看到黧面茧足的老友时，百感交集，写下《书〈归去来辞〉赠契顺》。

"眷此邦之多君子"，是他对宜兴"君子风范"的由衷赞美。

东坡眷恋的宜兴，山水美、风物美、人情美。虽然他最终没能如愿在宜兴定居，但是他构想的"宜兴生活"至今打动人心。他有百余篇诗文涉及宜兴山水、人物、风土人情，并留下数十处遗址遗迹。从宜兴湖汊的单家巷到蜀山脚下的东坡书院，从蛟桥题碑到闸口海棠……作为一个跨越千年历史的人物，一个承载丰富内涵的文化符号，他乐观、豁达的生命态度形成了一种文化力量，感召着无数人。他留下的文化遗产和精神财富影响着世世代代宜兴人的精神风貌。

今天，宜兴市融媒体中心出品《东坡眷恋的宜兴》这本书，让我们有机会深情地凝视东坡，感受宜兴润泽、悠远的文化积淀，这无疑是一件很有意义的事。

乐心

（作者系资深媒体人、作家）

我叫宜兴　交个朋友吧

嗨，大家好呀！我叫宜兴，想和你交个朋友，先不要"划走"，你听听我的自我介绍可好？

说起我的名字，那可是大有历史。我有"阳羡""荆邑"等古称，北宋太平兴国元年，我为避太宗赵光义讳由"义兴"改名为"宜兴"，这个名字也沿用了千年。除了本名以外，凭借着七千多年灿烂的制陶史，我还有一个大名鼎鼎的雅号——"陶都"！当然啦，这也是我最喜欢的昵称！

我住在太湖西岸、苏浙皖交界处，人人都说我"家底深厚"，家里的宝藏多得数都数不清。那我就借此机会细细说给你们听吧！

生态家底是我最宝贵的财富，这其中就包括三氿、竹海、善卷洞、张公洞等绝佳之地，连东坡先生都折服于我的湖光山色，说我是他心向往之的第二故乡呢。这两年，我又下了不少功夫"梳妆"，新添了阳羡溪山、窑湖小镇、大有秋、三氿"水下森林"等好景致，这可成了不少游客的新宠，欢迎大家来观赏。

产业家底也是我的骄傲，我在全国百强县里名列前十，经济实力、绿化水平、富裕程度等"科目"都是名列前茅的优等生。同时，我在节能环保、电线电缆等方面的实力也是杠杠的，是大名鼎鼎的"环保之乡"和"电线电缆之乡"，这两年，我还在往新能源、生命健康等领域开拓，颜值和实力并存说的就是我哦！

我的人文家底更是不容小觑！精通陶文化、东坡文化、梁祝文化、茶文化等特色文化的我，是个文理兼修的全才哩！在我这里，曾出过4位状元、10位宰相、548名进士，还有32位两院院士、120多位大学校长、10000多名大学教授呢。

听了我的介绍，你是不是心动了？

欢迎来找我玩呀！

（俞婕）

TIPS

1. 近年来，宜兴已获得"中国人居环境奖""国家园林城市""国家生态市""国家环境保护模范城市""国家历史文化名城""全国文明城市""国家生态文明建设示范市""中国最具幸福感城市""国家级生态示范区""国家可持续发展实验区"等一大批荣誉。

2. 宜兴地处沪宁杭几何中心、苏浙皖三省交界，位于上海、南京、杭州三大都市圈的交汇点，与沪宁杭都有直达的高铁、高速。随着长三角一体化、锡宜一体化、太湖湾科创带建设等战略的深入实施，宜兴的"桥头堡"效应日益凸显，区域性国际化中心城市打造迈出坚实步伐。

官林·回图村

宜城·蛟桥

张渚·善卷洞

洞卷善

湖㳇·单家巷

当年明月

——苏东坡足迹手绘图

"我田荆溪上，伏腊亦粗供。怀哉江南路，会作林下逢。"

苏东坡一生漂泊，足迹覆盖半个中国，唯有宜兴是他心中桃源。

三氿、荆溪河、罨画溪……东坡走遍了宜兴的山山水水。

宜城：蛟桥，东坡曾两度题词；通真观，苏东坡和参寥禅师登钟楼观雨，题钟铭；他还借居于通真观边上郭三益家；苏亭，东坡曾舣舟庆源门外迎恩亭（位于宜兴北门），后称为苏亭。

湖㳇：单家巷单锡故宅，苏东坡送嫁外甥女入单家，后多次寓居于此；玉女潭、金沙寺，苏东坡多次到此，爱其茶泉。

张渚：离墨山、善卷洞、张公洞，东坡在此题有诗句；善卷黄土自然村，东坡曾到此察看田地情况；祝陵村，有东坡玉带捐桥传说。

丁蜀：蜀山、东坡书院，东坡在此买田筑室、讲学。

和桥：闸口海棠园，有东坡亲植海棠；和桥闸口一带，东坡晚年曾在此置宅，后有"焚契还宅"故事流传；漏湖边塘头村（今和桥南新塘头），东坡曾在此买下一百多亩的"小庄子"，建有水闸（名为"东坡闸"）。

官林：都山回图村，东坡在蒋之奇陪同下至此看望蒋氏族人。

……

东坡的足迹串起一个个地名和故事（因容量所限，在此只能择其部分），隔着悠悠岁月，让后人在回味中怀念。

（许琦）

眷此邦之多君子

——苏东坡在宜兴的朋友圈

爱"此邦山水之美"，"眷此邦之多君子"。宜兴之于苏东坡，是漫歌而归，聊从造物游的终老之乡。

宜兴人给了他厚重的温暖，有力的庇护。这里有他的亲人、好友、同道、门生。东坡先后九次来宜兴。元丰八年（1085），他获准卜居，全家三十余口来到宜兴，寓居湖㳇单家巷，弟弟苏辙也从安徽歙溪来看他。我们且从东坡的诗文及史料中，截取片断，走进元丰八年那个快乐的春天。如果那时有微信朋友圈，可发帖留言，定会是很有趣的对话。

元丰八年的春天

轼

鸭头春水浓如染,水面桃花弄春脸。初归阳羡,子由从歙溪来,与邵梁父子、单锡兄弟同游张公洞。

朋友们问我啥时候离开宜兴,呵呵,谁舍得走,我道,秋风黄叶飞。

1小时前　　　　　　　　　　　　　　　　　　　　　　● ●

子由(辙):乱山深处白云堆,地圻中空洞府开。茧瓮有天含宇宙,瑶台无路接蓬莱。张公洞,不枉此行。

君贶(单锡):晚上,单家巷摆宴,有东坡蜜酒、东坡肉,自然还有鲜笋、乌米饭、雁来蕈,大家都来!

蒋颖叔(蒋之奇):可惜我不在宜兴。不如子瞻与我同赴镇江金山寺,商定刊刻《楞伽经》,一同作序。

单锷(单锡弟):今日定要畅饮,吴中治水正苦无知音交流,居士来了,真是瞌睡遇到了枕头!

邵梁:学士为邵氏花园手书"天远堂"匾额,亲植蜀中海棠树。来年花事极盛时,办个海棠雅集如何?

李县令(李去盈):正是此话,阳羡秋景不可负,滆湖蟹肥,新米胜珠。

觉海若冲禅师(善权寺住持):阳羡雪芽,离墨红筋,皆已备下,请诸位游罢离墨山,来吃茶,小坐。

金沙寺僧:居士惯爱金沙泉,只管让童子来取水便是。

蒋公裕(田客):居士在宜兴已置田产,从此阳羡是故乡。

诗忆阳羡

苏东坡用诗词与宜兴轻轻握手,一片雪芽,一把提梁,一座老桥,一块古碑。他曾与阳羡山水相遇相知,留下诗的微笑,这里是苏东坡的第二故乡——宜兴!

乞常州宜兴居住得请

上书得便宜,归老湖山曲。

躬耕二顷田,自种千年木。

寄陈述古

惠泉山下土如濡,阳羡溪头米胜珠。

卖剑买牛吾欲老,杀鸡为黍子来无?

地偏不信容高盖,俗俭真堪著腐儒。

莫怪江南苦留滞,经营生计一生迂。

调水符

欺谩久成俗,关市有契繻。

谁知南山下,取水亦置符。

古人辨淄渑,皎若鹤与凫。

吾今既谢此,但视符有无。

常恐汲水人,智出符之余。

多防竟无及,弃置为长吁。

归宜兴留题竹西寺三首

(一)

十年归梦寄西风,此去真为田舍翁。

剩觅蜀冈新井水,要携乡味过江东。

(二)

道人劝饮鸡苏水,童子新煎莺粟汤。

暂借藤床与瓦枕,莫教辜负竹风凉。

此生已觉都无事，今岁仍逢大有年。
山寺归来闻好语，野花啼鸟亦欣然。

次韵蒋颖叔

月明惊鹊未安枝，一棹飘然影自随。
江上秋风无限浪，枕中春梦不多时。
琼林花草闻前语，罨画溪山指后期。
岂敢便为鸡黍约，玉堂金殿要论思。

次韵完夫再赠之什，某已卜居毗陵，与完夫有庐里之约云

柳絮飞时笋箨斑，风流二老对开关。
雪芽我为求阳羡，乳水君应饷惠山。
竹簟凉风眠昼永，玉堂制草落人间。
应容缓急烦同里，桑柘聊同十亩闲。

菩萨蛮·阳羡作

买田阳羡吾将老，从初只为溪山好。来往一虚舟，聊从造物游。

有书仍懒著，且漫歌归去。筋力不辞诗，要须风雨时。

踏莎行·荆溪写景

山秀芙蓉，溪明罨画，真游洞穴沧波下。临风慨想斩蛟人，长桥千载犹横跨。
解珮投簪，求田问舍，黄鸡白酒渔樵社。元龙非复少时豪，耳根洗尽功名话。

念奴娇·阳羡国山碑怀古

离墨山上，望烟寺茫茫，悄然神物。僧指孙吴封禅处，漫说银象玉璧。
紫气黄盖，一壑云树，杳杳归啼血。周郎应叹，枉然江东豪杰。
天公无意作弄，昏遗慵儿，说甚灵异发。犹恐仲谋适还在，也难逃此湮灭。
野岭荆蛮，千古风雨，蜕落少年发。鸦惊暮钟，策筇寻径踏月。

芇欣的自述

Hello，大家好啊！我叫宜芇欣，你们可以叫我芇欣哦。

我是土生土长的宜兴人，也是个非常哇塞的文旅博主。

宜兴哪里好吃，哪里好看，哪里好玩，问我就对了！

虽然，我有些中二，嘻嘻！但咱大宜兴的文脉深厚啊！SO，我也是有文化的人哦。

我超爱东坡先生，他简直就是我心目中的男神！

懂生活，爱美食，有才情……

所以，接下来就由我这位东坡先生的死忠粉，来带大家赏玩宜兴的四季吧。

春日，阳美的春风，吹开了百花。

去淴里水库看青梅，再好不过。

花开如海，漫山遍野，怎么拍都是大片。

山间野菜正嫩，春笋正肥，这顿春日的盛宴，怎好错过？

再喝上一杯明前的阳美茶，真是香入心脾，馋煞人啊！

我还可以陪你们去太湖边上放风筝，

如果你愿意，我也可以做你的一只风筝。

初夏，湖汶的杨梅，你可不能错过！

别看我们宜兴的杨梅个子不大，但是酸甜可口，吃口非常好。

杨梅是鲜货，不易保存。你可以用它泡酒，或者做成杨梅酱，

让它与你纠缠得更久一些。

夏日炎炎，闷热不已。

怎能不去山涧里玩水呢？

置身大自然，才能感受到世界的美妙呀！

宜兴的秋是闪着金光的。

吴国太种下的银杏树，定要看看。

做书签也好，写情诗也罢，

活了几千年的树，

总有它独特的灵性与味道。

太湖三白的鲜，

你没尝过，

都不算来过宜兴。

冬天的第一场雪，

我要带你去东坡阁上看，

江南下雪不似北方壮阔，

却能悄无声息勾勒出山水秘境。

吃上一顿宜帮菜，

弄几个绿芛头团子，

看看男欢女喜和西乡狮子舞，

阳羡过大年的闹猛，

一定能感染到你。

目录

春

夏

秋

冬

春
Spring

雪芽我为求阳羡

东坡书院开笔礼

宜兴,有一座古老的书院,建于元祐三年(1088),因苏东坡曾在这里讲学而得名。

如今,东坡书院每年的开笔礼,依然是宜兴人的盛事。书院的开笔礼,是孩子求学路上的第一步,寄托了家长的期盼。

1924年冬,著名作家郭沫若来宜兴,参观了神往已久的东坡书院。三十多年后,他又为东坡书院写诗:"东坡居士曾居此,朝夕常思返蜀山。深幸我来千载后,欣看质变数年间。胶源浩荡森林海,香韵芬芳极乐园……"足见书院文气斐然。

宜兴这个地方世代耕读传家。早先,地方上流传两

句话:讨饭讨到天尽头,也要供娃念书;家穷,当了裤子,也要送孩子上学。这话有些夸张,但表达的意思实在。

曾经有个少年,去参加高考,饿着肚子,提个陶罐,装了几块南瓜,赤着脚,一路走到宜兴城。那年,他考上了南京大学英语系。他就是后来的联合国副秘书长沙祖康。

还有个少年,更可怜。抗战期间,母亲病逝时,他刚满18岁,即将参加高考,突然没了家。他连夜疾行,穿越敌伪"封锁线",而后分别去浙江屯溪和淳安参加"东南战区"的两次高考。途中,他因体弱掉队,被劫匪抢光了零用钱。在屯溪备考时,他心力交瘁,竟晕倒粪池边。他就是史学泰斗蒋赞初。

像这样的故事,宜兴人能说出一箩筐。

带孩子来参加开笔礼,沾染一点先生的气息,如先生一般有渊博的学识和豁达的胸襟,这也是家长们的心愿。

(俞臣)

TIPS

1. 宜兴文脉昌盛,历史上曾出过4位状元、10位宰相、548位进士,近现代先后走出两院院士32人、大学校长120多人、教授学者10000多人,是院士之邦、教授之乡。

2. 东坡书院,位于丁蜀镇蜀山南麓,为江苏省文物保护单位。

元祐三年(1088),苏轼嘱田客筑室蜀山之麓,为"东坡书堂"。翌年,几度来此巡视。绍圣元年(1094),苏轼贬岭南后,其子迈、迨、过三房都居住在宜兴,部分家室居住于蜀山。元代作为金陵保宁寺和尚的别墅,先后称"蜀山书社""蜀山草堂"。明初,建苏轼祠,后被废。明弘治年间,工部员外侍郎沈晖重建苏轼祠,并题写东坡书院匾额,作为文人学士例行集合、缅怀先贤之所。目前,东坡书院作为爱国主义教育基地,有诗社、书法、绘画、古琴、读书会等公益课堂。

3

芮欣：咱们"教授之乡"宜兴，有多牛？说一个佳话，足以证明。1978年春，首届全国科学大会在北京人民大会堂召开。就座于主席台的，就有5位宜兴人：周培源、蒋南翔、潘菽、唐敖庆、史绍熙。

宗师巨匠周培源

1936年，美国普林斯顿大学，爱因斯坦主持的相对论研讨班上，一位气质出众的中国教授引人注目。他就是周培源，时年34岁。他是已知的在爱因斯坦身边从事相对论研究最长的中国学者。

科学无国界，培源有祖国。1937年，他毅然回到祖国怀抱。

1938年，在纷飞战火中，周培源来到昆明，执教于西南联大。

不少师生在背后唤他"马背上的周大将军"，因为他养了一匹枣红马，每天骑马往返于相距40里的家校之间。

当时，学校图书奇缺，科研条件十分简陋。即便如此，周培源还是决定向物理学高难领域——湍流发起进攻。

为何选择湍流？因为它会在飞机、导弹、舰艇上发挥巨大作用！女儿不解，周培源说："大敌当前，必须以科学挽救祖国！"

1945年，周培源在美国《应用数学》杂志上发表的论文，被公认为湍流学界的经典文献，湍流模式理论在此基础上诞生。他被公认为世界当代流体力学的四位巨人之一、中国近代力学奠基人和理论物理的奠基人之一。

周培源是科学家，也是教育家。他深耕理论物理教学60多年，学生中仅院士就有13人；他任北京大学校长多年，受其办学思想熏陶之人数以万计。

周老有九代弟子，他九十寿辰时，九代人排着队上去给他献花，那场面很感人。

聂荣臻元帅为他题写贺寿词——"宗师巨匠 时代楷模"。

他似一炬之火，燃烧于高山之巅，万火引之，其火如故。

（高春艳）

TIPS

1. 周培源（1902—1993），宜兴芳桥人，杰出的科学家、教育家和社会活动家。曾任第五届至第八届全国政协副主席、九三学社中央委员会主席等重要职务。

2. 1987年，周培源将芳桥后村26间600余平方米的故居捐出，建成科普文化中心。周培源故居现已成为九三学社全国传统教育基地、江苏省科学家精神教育基地。

大先生　大学堂

"在校园里，上课铃响以前，很多教师和同学常常能看到一位长者提着一个黄布书包走进教室，坐在后面一排。"

他就是时任清华大学校长蒋南翔。

他和大一的学生一道听高等数学课、普通物理课……他甚至亲自到实验室、实习工厂，实操训练。

1958年，清华大学水利系的师生们在燕山扎了根，为华北地区最大的水库密云水库做设计，称："我们是'真刀真枪地做毕业设计'！"

蒋南翔听到后，敏锐地发现其重要意义，"教学、科研、生产三结合"成为清华大学的办学方针。

是年，全校有七成毕业设计是结合生产任务进行的，周恩来总理饶有兴趣地参观了清华大学的毕业设计展，还风趣地表示要跟同学们"订货"。

在蒋南翔的建议下，试验原子弹反应堆项目，在1960年开工，依靠的就是一批平均年龄只有23岁半的清华青年师生。蒋南翔亲自调配干部，筹措经费。师生们用草板纸做模型，用手摇计算机精确掌握了实验数据。

大先生，大学堂。

尊重科学、尊重知识、尊重实践……这是蒋南翔担任清华大学校长十三年半的坚守。

蒋南翔始终坚持"又红又专"的标准、德智体全面发展的方向，为国家培养了2万多名优秀毕业生。

对于学科建设，他坚持设新专业、搞新技术，工程化学、工程力学、自动控制等新专业成为新中国新兴科学技术优秀人才的摇篮。

"教育事业是关系党和国家命运、前途的大事，正确的我就要坚持。"这是他的心志。

当年，就是在清华学堂地下室，身为学生的蒋南翔写出了著名的《清华大学救国会告全国民众书》，那一句"华北之大，已经安放不得一张平静的书桌了"，成为"一二·九"运动的战斗口号。

从少年到白头，初心不改。

他的精神，如清风明月，润泽着一代代青年。

（周丽娟）

TIPS

1. 蒋南翔（1913—1988），宜兴高塍人，是中国共产党学生运动、青年运动长期的、杰出的领导者和马克思主义教育家。

2. 宜兴市蒋南翔实验小学，原名高塍实验小学，于2022年11月更名。

争取至少健康地
为祖国工作五十年
——蒋南翔

百年　少年

蜀山脚下，春天的橘颂亭，孩子们种下的橘子树开花了。

老师问，谁会朗诵东坡先生的《浣溪沙·咏橘》？孩子们几乎个个随口就来。

东坡门径、踏雪长廊、东坡诗词墙、百年学子墙、仰苏开放书箱、青砖练书台……这里充满东坡文化的氛围感，东坡实验小学的孩子们，几乎人人都会随口吟诵几句苏东坡的诗句。

一墙之隔的东坡中学内古韵悠然。学生们用陶埙，吹奏东坡《水调歌头·明月几时有》。

东坡中学的校领导，是东坡的超级粉丝，热衷东坡文化教学研讨，激励东坡诗社同学创作。

孩子们会风趣地对来客说，欢迎您来我们学校偶遇"苏东坡"。

东坡，在这里是一种精神，如皓月在天。

不妨，把目光投向东坡小学的百年校史。

东坡实验小学的前身就是始建于北宋的东坡书院。光绪八年（1882），当

地24家望族合力重修东坡书院，成为东南八乡的培养人才之地。

光绪三十一年（1905），改为东坡高等小学堂。校长就是著名的教育家吕梅笙。

学校以师资水平高而闻名，1924年江苏省教育厅发文褒奖学校"著有成绩"。

1924年，郭沫若来宜兴，曾在东坡小学堂宿舍借住一晚。

他喜欢这个学校，可爱的孩子在书院的石牛背上跳上跳下。

堂面正梁上，挂着"似蜀堂""讲堂""东坡买田处"三块匾额，是同治旧物。

应吕校长之邀，郭沫若为学生作了有关达尔文的演讲。

一代代少年从蜀山脚下，走向广阔的人生。

他们中有中国现代会计之父潘序伦、第六机械部副部长潘曾锡、中科院院士吴浩青、中国紫砂泰斗顾景舟……

蜀山"东坡学系"，妥妥的学霸聚集地。

百年老校，归来仍是少年。

（高春艳）

TIPS

1. 2019年，丁蜀镇投资1.5亿元迁址新建宜兴市东坡实验小学。

2. 宜兴市东坡中学创办于1938年，1987年易地新建，2023年升级改造。

3. 作为全国唯一办在苏东坡遗迹地的学校，宜兴市东坡中学、东坡实验小学先后荣获全国"传承东坡文化特色学校"称号。

在这里，致青春

知识能改变命运。正因如此，一直以来，宜兴也有着一个"大学梦"。

宜兴乡贤朱邦芬院士、褚君浩院士、吴岳良院士、任南琪院士、张旭院士、联合国前副秘书长沙祖康及数十位宜兴籍教授、学者、企业家等，都曾提出要在宜兴筹建、创办一所大学，这是宜兴人骨子里的一种执着，要为这座城市提供澎湃的驱动力。

2022年9月，历时三年建设，江南大学东氿校区在新庄正式启用，宜兴人的愿望终于实现了。

江南大学东氿校区落户，一张张朝气蓬勃的崭新面孔来到宜兴。"在宜兴人杰地灵的环境中，我相信学业会更上一层楼。"来自河北的学生闫旭说。"我憧憬在宜兴有更美好的未来。"来自山东的学生张玙璠信心满满……恰同学少年，风华正茂。莘莘学子的到来给宜兴注入了新的生机。

从踏进大学校门开始，这些远道而来的学子便开始了与这座城市的羁绊，青春在这里绽放，一刻即是永恒。春夏秋冬瞬息而过，或许他们会在这里扎根开花。

然而，宜兴人的追求远不止如此。未来，一所所大学将在这里汇聚，一座新城会在东氿之畔拔地而起。

一座大学城，改变一座城。在越来越多青年人在宜兴致青春的时候，更多高能级载体、高科技项目、高水平成果也将在宜兴落地转化，吸引更多人才来宜创新创业，共同奏响科创宜兴最强音。

（马溪遥）

TIPS

2020年，宜兴市大学城人才交流中心正式启用。随着无锡太湖湾科创带建设推进，依托江南大学东氿校区、江南大学国家大学科技园宜兴分园、南京工程学院宜兴产业学院、南京工程学院技术转移中心宜兴分中心等平台载体，宜兴着力放大大学城人才交流中心作用，整合乡贤资源、校友资源和商会资源，主动引进各类创投机构、孵化机构，促进人才资源与产业发展有效对接，打造创新创业的"强引擎"。

苏欣：去年淦里水库的梅花盛开，惊动了央视。淦里梅花，迅速走红。宜兴人善分享，守护着这片梅林的陈兴东，每年都会给天南地北的赏花人报花期。爱梅之人得了讯息，山高水远也要赴约。

淦里守梅人

TIPS

1.赏梅时间：每年2月中旬，梅花陆续绽开。2月底到3月为盛花期。

2.赏梅地点推荐：张渚淦里水库、九岭梅花梯田、太华骊山红梅园等。

12

这是一场关于梅花的盛会。

若是全白，有些寡淡。若是全红，有些妖艳。

淦里的梅花，白色和粉色交替。

清雅中多了暖意，热烈中添了平静。

不骄不躁，不妖不娆。

正好。

75岁的陈兴东和另一位村人是这片梅林的主人。

1995年开始，老陈就在这里种梅。

锄草、修枝、打药、浇水，虽然繁琐，但梅花开时动阳羡。

他觉得值。

从芽头来判断花期，12月底，暴雪过后，

他看着梅枝的芽头，皱着眉推测，

来年盛花期大概在2月底、3月初了。

要比往年稍晚些。

梅花需要一定的积温才能开放。

冬日气温太低，花期就会延缓。

这是他与梅花之间的密语。

花期越长，果子产量越高，

老陈每年都期待花期能够更长一些，

一年的辛苦就有了回报。

梅花是雅物，

老陈是地道的农民。

二十多年的相伴，

老陈懂梅花的心意，

他每年会提前将花期告知那些爱梅人，

一是了了梅花的心意，

一是了了赏梅人的心愿。

他乐当这个月老。

（俞臣）

苏欣：已过几番雨，前夜一声雷。宜兴春茶开采了。对宜兴人来说，春的第一味就是茶。泡上一杯新茶，汤色清澈，清香淡雅。啜上一口，滋味鲜醇，回味甘甜。若是东坡先生在，我要去取来南山茶泉，沏一壶沁人心脾的阳羡茶，让他把春天喝进肚里。

阳羡 敬世界一杯好茶

阳羡茶深得东坡之心。"雪芽我为求阳羡"，足见东坡对阳羡茶的喜爱。

好山好水出好茶，阳羡茶的鲜美跟阳羡的山水分不开。天目山余脉在此绵延，苏南第一峰巍巍。东坡先生钟情的山水之间，一叶神奇的东方树叶竟蕴藏了无限的滋味。

唐朝时期，茶圣陆羽在品尝阳羡茶后，认为"芳香甘辣冠于他境，可供上方"。由于陆羽的推荐，阳羡茶名满天下，进入了贡茶之列，一时风头无两。茶仙卢仝的诗句"天子须尝阳羡茶，百草不敢先开花"，也从侧面反映了阳羡茶的地位。阳羡茶像一袭温暖的风，熨烫着每一个宜兴人的心。宜兴人热情谦虚，淡泊名利，默默为世界准备了一壶好茶。

宜兴的绿茶鲜香，红茶甘醇，著名作家叶兆言也曾说："忍不住要为宜兴红茶吆喝一声。"在阳羡的茶香里泡着，竟也能学起先生的豁达："竹杖芒鞋轻胜马，谁怕？一蓑烟雨任平生。"

（俞臣）

TIPS

宜兴是中国贡茶制的发源地，紫笋茶是宜兴最早的贡茶，陆羽晚年曾长期隐居于宜兴南山，并在《茶经》中多处提到宜兴的茶。阳羡茶始于东汉，盛于唐朝，成熟于宋、明、清，衰于民国，复兴于今。宜兴有大量的茶文化遗产。

15

苏欣：宜兴的春，让人嘴馋。馋那些藏在山野里的小清欢，它们会在舌尖上跳舞，令人回味无穷。不信，你试试？

念乡人心中的白月光

苏东坡在徐州做知州时，因想念家乡的野菜，写下诗句："烂蒸香荠白鱼肥，碎点青蒿凉饼滑。"

1959年秋，宜兴籍著名作家、电影人葛琴带领北京电影制片厂的几个导演和编剧来宜兴山区采风，点名要吃家乡的竹芹菜。她还在日记里写下了对宜兴山珍雁来蕈的思念。

你看，春日野菜虽是小清欢，却也是念乡人心中的白月光。

湖㳇人老张，就是守护这白月光的人。

自从开了农家乐后，老张交友都广泛了，尤其是春天，最为忙碌。

上海、南京、北京等地的老顾客都找上了他。

老张带着他们去山野里挖笋，抠野菜。

大城市待惯的人，看到野菜像看到了亲人，热闹，欢喜。

正逢一场春雨，雨后的地衣从土里冒了出来。

抠上一小盆，跟蒜泥和小青菜一炒，客人们抢着吃。

紫藤花是花，是药，也是菜。

早春的紫藤花跟鸡蛋一起炒，满嘴都是春天。

马兰跟豆腐干一拌，野荠菜做的肉丸子烧汤，雁来蕈炖蛋，再加上咸肉煨笋和清炒竹芹菜……

老张这一桌阳羡春菜，馋坏了他的老顾客。

这一年的等待，为的就是这一口春。

（秦洁）

TIPS

宜兴人善吃野菜。"三山两水五分田"的独特地貌，造就了宜兴物产丰饶，山珍荟萃。马兰、香椿、枸杞头、荠菜、野蒜、莼菜、雁来蕈等等，都是宜兴人餐桌上的美味，也是来宜旅游必尝的美食。

苏欣：近千年树龄的海棠见过吗？如果还是东坡先生亲手种下的呢？自然是不容错过的！站在树下，看那袅袅的点点红心，似乎还带着点勇气与骄傲。

海棠无恙

　　春至，万物复苏，海棠也按捺不住热情，在和煦的暖风中悄然展颜。九百多年前，大文豪苏东坡游历宜兴时，结识了一生挚友邵民瞻，并亲手栽种西府重瓣海棠于邵氏庭院。

　　闸口邵氏在北宋时期就是当地望族，曾有"一门同榜六进士"和"一邑叔侄二魁"的美名。苏东坡喜欢邵民瞻的仗义豪爽，邵民瞻敬重苏东坡的为人学识，亦师亦友的两人建立了数十年的友谊。

　　这株遗世独立的海棠是苏轼来宜游玩时所栽。宋元丰六年（1083），邵民瞻新宅落成，苏东坡应邀前往祝贺，不仅给新居题名"天远堂"，还在参观中表达了庭院精巧但少海棠之意。次年，他践行承诺，带了一株海棠手植于此。闭上眼睛，似乎能够想象，他们在这一树天地间共叙情谊的景象。

　　之后的岁月里，苏东坡再遭贬谪，几经浮沉，而宜兴的海棠却令他念念不忘。每次与邵民瞻通信，都会问一句："海棠无恙乎？"邵民瞻则答："海棠无恙。"

　　居士问的是海棠，念的是阳羡溪山，此邦君子。

　　易改之最是人心，唯有海棠复当年。

　　《江苏文库·研究编》之《江苏地方文化史·无锡卷》中记载："东坡曾从蜀山带到江南三株海棠，唯宜兴的一株迄今仍逢春绽放。"几经风雨洗礼，这株海棠傲骨挺立，绽放了九百多个年头。

　　如今，每至春来，总有人山高路远地为她而来，于灼灼其华中汲取着东坡精神的养分，寄予着对美好未来的期待。

（耿蕾）

TIPS

　　1952年，东坡海棠主干被台风刮断，后继生枝干，叶茂花盛。1982年，在邵氏后裔邵伯棠的奔走下，宜兴县政府拨款在海棠树四周建围墙，辟为海棠园。1983年，东坡海棠被列入宜兴县文物保护单位。2020年，和桥镇人民政府对海棠园进行环境景观完善，建成广场、园亭、园桥。当年苏东坡亲手种下的海棠树，历尽岁月沧桑，依然吐露芬芳。

芥欣：快快约起，杨巷三百亩的油菜花海终于迎风盛放啦！广阔的田野宛如大自然的调色板，金黄与翠绿相间，明艳动人⋯⋯

灼灼风流在乡野

他喜欢一次次奔向清晨的乡野。潮湿的泥土带着禾苗的微微清香，白露凝成银霜，金色的油菜花，在绚丽的霞光里，肆意绽放。这是他最喜欢乡村的理由——无拘无束，自由生长。

他的身边，是跟着他学写生的孩子，他们眼里闪着欢喜的光，笔下有股天真蓬勃的新鲜气。是的，就是这欢喜的光，照满了他的乡村教师生活。在此之前，他是一名美术学院的硕士研究生。

三百亩油菜花，在杨巷镇邬泉村灿烂成海，一直绵延至万里晴空处。热爱这片土地的人以地为纸，作物为画，描绘起对生活的热爱！

杨巷，是钱松嵒大师的故乡。他幼时就在杨巷的乡间放羊，他的画笔画尽了他对家乡的热爱，饱满又真挚。

多年后的今天，田野里写生的人，是簇拥烈日的花。他们和油菜花一样闪着金色的光，点缀着乡间，和钱老进行了一场穿越时空的艺术交流。

（俞臣　姜露）

TIPS

1. 杨巷镇是千年古镇、活水码头，宜兴西部重要粮仓，江苏省"味稻小镇"。

2. 杨巷镇邬泉村位于宜兴现代农业产业示范园核心区，围绕三百亩彩色稻田，形成了一季稻田画、一季油菜花的特色农田景观，以研学游、亲子游、特色农业体验为特色，吸引了大批游客。

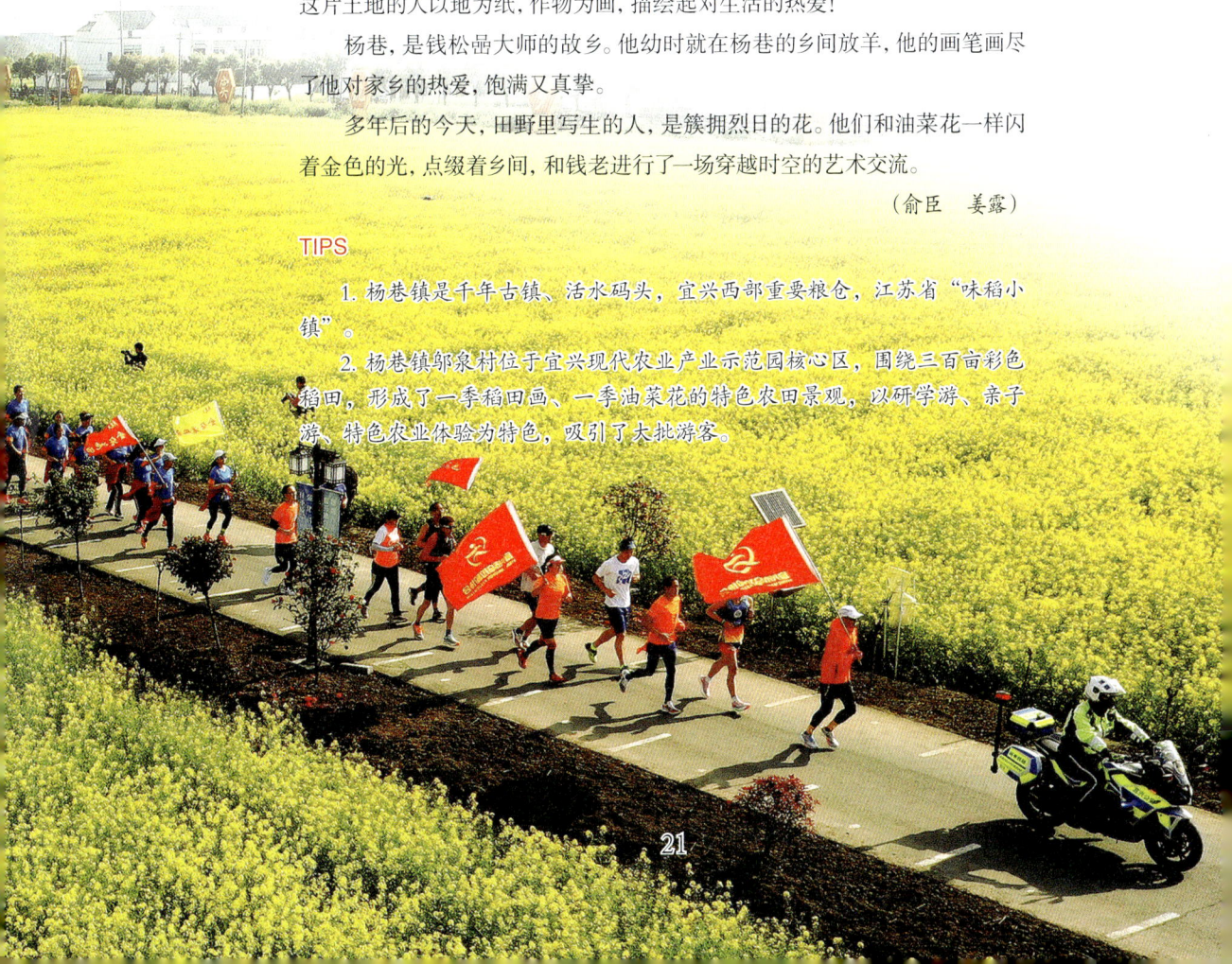

芹欣：久坐不动？那就来龙池山自行车公园松松筋骨吧！迎着春风，骑上心爱的单车，穿行在山林茶海间，说不出的恣意畅快！

一骑破风去！

这是一场深氧之旅。

四月，龙池山自行车公园风光旖旎，一片碧绿蔓延至天际。

跟我远离城市繁忙的生活节奏，

到山野，追风追自然。

像《余生请多指教》中的顾魏与林之校一样，

骑着单车在茶园中享自由吧。

一人一车，破风而去。

穿梭竹林山水间，徜徉青山茶海畔。

一场纯天然的"洗肺"之旅，由此开启。

山涧、茶园、竹林、水库，湖光山色连为一体。

这里没有导航路线，只有生机盎然的地平线。

随心，随性，放松，自由。

严刚在龙池山土生土长，熟悉这里的一草一木。

2017年，他动了翻新老宅的念头。

精心设计后付诸实践，

一幢小白楼拔地而起。

但这里不再只承载严刚的独家记忆，

而是欣然将大门向游客敞开，

让他们在这里也能寻得暂时的家。

谈文兵是外地人，也是这里的主人。

作为阳羡文旅的推广人，

他把这里的山山水水都刻进了心里。

山脚茶洲间的蜿蜒车道，
是他倾心打造的乐园啊。
不用在乎骑行的终点，
勇往直前，骑进春天的风里。
放慢车速，欣赏不同的风景。
飞驰而过的一张张年轻面孔，
唤醒沉睡了一季的龙池春晓。
累了，
茗香山房小憩。
品一杯好茶，
闻一缕茶香。
不必祈盼诗和远方，
此处便可与春撞个满怀。

（陈雅菲）

TIPS

　　1. 龙池山风景区位于张渚镇境内，江苏省森林自然保护区，以"稀奇古怪"著称。"稀"指区内珍稀和濒危植物众多；"奇"指山顶有池，池中有学名"蝾螈"的"小龙"；"古"指山上有江浙八大寺之一的澄光禅寺；"怪"是指山上有鬼斧神工般的神秘巨石"龙池晓云"，传说能预报天气。

　　2. 龙池山自行车公园东北起自宜兴林场，西南至澄光禅寺。有茶园，有竹海，还有十几处湖泊水库，总区域面积为7平方公里，自行车专业绿道长达17公里。这里的负氧离子含量可达每立方厘米15000个。

芥欣：四月，遍野丰茂，竺山花开如云。乍起的风摇动着芭蕉、樱桃、翠竹，似与人语。

竺山 蒋捷的灵魂栖息地

竺山本是座小山，"身高"不满百米。因为七百多年前蒋捷在此隐居，留下了经典的词作，竺山有了独特的文化符号和精神气质。

2023年春节档电影，张艺谋导演的《满江红》火出天际。影片讲了一群小人物为保留、延续和传承岳飞精忠报国的精神，以惨烈的代价达成了理想。片中小兵张大与瑶琴反复吟唱："何日归家洗客袍，银字笙调，心字香烧。流光容易把人抛，红了樱桃，绿了芭蕉。"

电影插曲《樱桃曲》源自蒋捷的《一剪梅·舟过吴江》。

这让人纳闷了，片中故事发生在南宋绍兴年间，岳飞死后四年，也就是1146年。而此时蒋捷还没出生。我第一感觉就是，错了！错了！不带这样用蒋捷的词。

可是，我后来想想就不计较了。这一句"流光容易把人抛，红了樱桃，绿了芭蕉"写得太好了，影响力太大了，蒋捷写出了众人"心头有，口上无"的妙味。张导借用一下就借用一下吧。

蒋捷，字胜欲，号竹山，南宋进士。他留下的《竹山词》一卷，在宋末词坛

独立于时代风气之外，卓然成家。南宋亡国后，元朝看重他的文名，两次请他入仕做官，他推辞不从。后人敬仰他之高洁，称他为竹山先生。竺山脚下住着杭姓一族，他们的旧时家谱上记载着："其地湖光潋滟，山色清奇。宋代蒋词人曾隐于此。距周铁镇约五里许。"

竹山是竺山的古名。山上有座福善寺，他住在寺里，读书写词，也教授周边村里的孩子，外出看望志趣相投的友人。国内研究蒋捷的知名学者、山东大学博士刘冰莉经过多方考证后认为，蒋捷漂泊隐居在太湖沙塘港竹山，以此为中心形成了几条放射性短途路线。

第一条短线是乘舟去竹山对面的马山探望老友。这位老友号东轩，名曾晞颜，与蒋捷同为南宋进士，居处仅一水之隔。第二条短线是从竹山西行到周铁塘门，与岳飞的后裔岳君举、岳君选兄弟来往。第三条短线是从沙塘港竹山坐船北至无锡的南泉镇竹山。

而正是这一带的漂泊经历成就了他的《竹山词》，其位列"宋末四大家"，在宋词史上占有一席之地。

无疑，竹山（竺山）是蒋捷的灵魂栖息地。这是词人之山、风骨之山。

（乐心）

苏欣：太湖边，有人放鹞笛鹞灯。好空灵的乐音啊，简直能把人的烦恼一起带到九重云霄去。当年的鹞笛，是乡村艰苦生活的一抹亮色。最先放鹞笛的农人该有多浪漫，想着法给平淡的生活弄出点好听的声响来。高高的鹞灯在黑夜里多么温暖，为太湖船只引导归家的方向。

鹞笛，空中音乐

鹞笛是周铁特色，那里的人放风筝叫放鹞子。鹞子上挂笛，叫放鹞笛。

笛子通常是由人吹奏的，而鹞笛没有人吹，它在天空中飘飞，发出悦耳动听的声音，像是有天神在吹奏。有人叫它"空中音乐"。

在太湖边生活的周铁人，自古以来就有放风筝的习俗。春天，太湖西岸多吹东南风，风从辽阔的湖面上吹来，和顺稳定，非常适合放风筝。人们在风筝上系鹞笛听乐声，东村人放，西村人听到了，归家也拿出自己的鹞笛来放，一时间，这边蝴蝶飞，那边九龙舞，发出悦耳的乐声，行人驻足仰望。有人兴致来了，夜间也会放风筝，鹞笛配上一串串鹞灯更是美妙。鹞灯是用细铁丝编制的铁丝篓，放飞前铁丝篓底部放上部分点燃的木炭，上面加上生的木炭和木屑，然后一盏盏鹞灯挂在鹞绳上，慢慢放上高空。空中风力强劲，木炭越烧越旺，鹞灯也越来越亮，铁篓网孔中撒落下一串串带尾的焰火，形态各异，犹如天女散花。

那时候，农家几乎家家驾船出去捞水草做肥料，为了多捞点回来，常常起早摸黑。碰到伸手不见五指的夜晚，有人摸不到港门，在太湖里急得团团转。这时家里的亲人高高地放起鹞子，系上鹞笛，挂上鹞灯，使湖中船上的人听得到看得见，朝此方向找寻回家的路。

鹞笛取材当地"孵鸡竹"，短的几十公分，长的有二米。它本身有重量，一般风筝吃不住，必须系在硬翅类大型风筝上才能稳飞，所以周铁人用毛竹做硬翅蝴蝶之类的风筝。这种风筝起飞快，放飞稳，因它四只翅膀都有出风道。

根据风力和风筝的大小，鹞笛可以高、中、低音同时放，也可单放。风力越大，声音越是悦耳动听。放得越高，传得越远，两三公里外都能清晰听到。

周铁的风筝队以前参加全国比赛总是夺冠。岳仲荣、闵小牛、吴顺洪等都是制作鹞笛风筝的高手。从1998年起至今，周铁镇已连续举办了二十三届"风筝节"，太湖风筝赛事已成为文化品牌。

（乐心）

苏欣：四月初八，宜兴人要吃一碗乌米饭。乌米饭上撒上白糖，像是母亲的青丝熬成了白发，这碗饭里装的都是对母亲的爱。

有母亲的时光，最暖最温柔

她喜欢爬山，春天的南烛叶芽，红得像宝珠。她采了许多来，妈妈给她做乌米饭，那一锅香气啊，像是把草木、山泉、阳光捧来了。

她是资深户外运动爱好者，参加越野赛、爬雪山，妈妈在家帮她料理小猫。

三年新冠疫情，出不了远门，天天陪妈妈，她变得柔软起来，跟妈妈学做饼子、织毛衣、种月季花……

不知哪天起，妈妈开始忘事，忘记刚吃过药、刷过牙。她紧张极了，开始带妈妈四处游玩。妈妈说，喜欢人多热闹，老年人怕冷清。

又是一个乌米饭飘香的四月初八。她带妈妈去芳桥目连文化节玩。

芳桥目连文化节，源于"目连救母"的孝顺故事。

锣鼓一敲，一台好戏上演。老人们听得认真，咿咿呀呀地学了起来，年纪相仿，自然话题也多，妈妈喜欢这样的氛围。

除了戏曲，目连文化节还有国风巡游、美食集市、草坪天幕音乐会、烟花秀、无人机表演、帆船赛……在集体狂欢的春天派对里，妈妈，大笑。

千山万水过，有母亲的时光，才最暖最温柔。

（高春艳）

28

TIPS

　　芳桥目连文化节：为了纪念"目连救母"，宜兴每年农历四月初八有吃乌米饭的习俗，从唐朝流传至今。忠孝最芳桥，美德传天下。2014年开始，芳桥街道每年举办目连文化节，打造具有浓郁地方特色的文化品牌，搭建起贤归故里、畅叙乡情、弘扬传统文化的平台，至2023年已成功举办了九届，成为宜兴具有影响力的重要文旅活动之一。

29

苏欣：不负春光不负"鲜"，来宜兴，不尝上一口春笋，不敢说尝过宜兴的鲜美。看，山里的笋尖冒头了，赶紧带上锄头跟我一起去挖吧。

30

好竹连山觉笋香

春日晒笋，是山里人的头等大事。
赶着晴好天气，
把煮好切片的笋在场上依次铺开，
家家户户都在忙着这场春日笋事。
笋是大自然的馈赠，
山里人愿意为笋花功夫。
咸肉煨笋，笋烧咸菜，
晒成笋干，做成笋黄豆……
在山里人手里，
笋的做法多种多样。
对于山里人来说，
笋不仅仅是食物，
更是一种乡愁，
一种惦念。
在外的游子见了家乡人，
亲切地问上一句：
今年笋是大年还是小年？
好似解了馋，
也了了思念。
可见，笋在山里人心中的分量。
春日，
如果你从竹海人家门前走过，
他们定会亲切地招呼你，
带几支笋走！
再带点笋黄豆，
自家做的，透鲜！
你看，山里人的人情，
就在这几支笋和一捧笋黄豆中。

（秦洁）

芥欣：云水萦回，青山叠叠，满目鲜绿……这是什么好地方？有渊明诗境，无一点尘土来处。若得传语东坡，归去，归去，凰川一犁春雨。

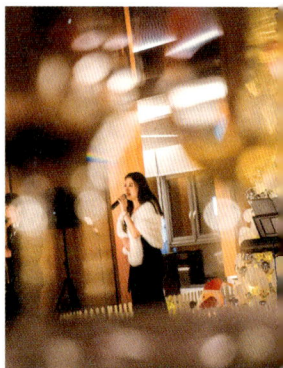

赴一场归隐梦

从宜兴城区出发，约半小时车程，在丁蜀镇南，有这样一个地方，山水诗意、田园静谧，几乎满足了对隐世度假的所有幻想。

凰川又名凤川，因凰川蒋氏始迁祖号"凤川"，后取凤鸣凰和之意，称凰川。此处秘境在清潘允喆《游凰川》中就有记载："经过兰后又兰前，漫指凰川作凤川。镜台一带山色里，居民犹种太湖田。"

西岸凰川便隐逸于此，纵览6000亩山野，被森林竹海包围，谷间自然流下的溪泉是难得的自然风景，既是视觉上的日月风露，又是心灵上的情之所往。

山林处归隐，好似一场梦。初见凰川，即入秘野之境，沿着亦乐路蜿蜒前行，眼前便豁然开朗，漫山无际的绿是治愈色，预示着避世"森"呼吸之旅即将开启。绿意深处，桃源私境即在眼前。

卧看山林竹海苍翠，沉醉自然梦境清幽。在这里，观竹影婆娑，览碧波涟漪，眺雾岚氤氲，赏星空熠熠，皆是美妙惬意。诗意翩跹的山水气韵是它血脉里的情怀与表达。房屋布局层层叠落，藏身于竹林和溪谷深处，与自然和谐交融，完美共生，真可谓住在风景里，生活如诗般美好。

一城山水，自在生活，寻此诗意栖居地，赴一场归隐梦，陶然自得。

（任晓燕）

TIPS

1. 潘允喆（1743—1821），字迁云，一字耆安，江苏宜兴人，著有《长溪草堂集》等。

2. 西岸凰川位于宜兴市丁蜀镇大凰川亦乐路1号，依山就势、错落有致，临湖而筑、相间有序。每处空间皆以山水人文诗意命名，施以现代美学笔触，与自然浑然天成，梦回诗画江南，为归隐田园、疗愈身心的宾客构建出一方乐享秘境。

心性成就的乡味

苏欣：东坡先生一生坎坷，但他乐观淡然。贬到哪吃到哪，让人忽视了他的苦难，爱上了他的豁达。美食可以疗愈人，别看只是一方小小的吃食，在东坡的笔下那是能生花的。江南做豆腐干的心性以及对手艺的坚守，跟东坡先生的脾性倒也有些相像。

和桥老油豆腐干最传统的土法工艺，繁复而耗时，它融入了手艺人的规矩和诚意，是一代代人千锤百炼的沉淀。

旧时，和桥有"小无锡"之称，甚是繁华，武宜运河缓缓奔流，街上的叫卖声此起彼伏。老和桥人的烟火记忆里，最独特的，便是老油豆腐干的鲜香，大街小巷飘着的，是暖在心头的乡味。

"我的手艺传自梅礼卿这一脉，我是跟着我的舅公学的，他就是梅礼卿一脉的传人。"

手艺人最是看重师承，这是一种骄傲，更是心性的传承。他像要把这句话刻在碑石上一样。

陈伯金坐在竹椅上，和边上的年轻人说起了师祖的身世。

清光绪年间，梅礼卿从老家安徽徽州逃难出来，在和桥落脚，开了个酱园子，取名"梅永和"。有一回，梅礼卿途经苏北，跟淮安人习得用蒲草包做圆形豆腐干的法子，此法有六百多年历史。

陈伯金是伴着豆香和酱味长大的。他的父亲陈三友，专门帮人加工豆腐。他还跟舅公学会了做老秋油，那是老油豆腐干的魂。

春天开始做酱坯，精选黄豆，酱坯要一直等到黄梅天，才能出霉，加入盐水，再经一夏暴晒，待到秋天，便有一缸老秋油了。

石磨豆浆，烧熟后，拉住滤布四角，往陶缸过滤。滤布有140目，疏细之间，便有成本差别。传下规矩的老祖宗，是个心量大的。

用盐卤或者石膏来点浆，点浆手法十分重要，是决定豆腐干成败的关键，要等到卤水和浆汁充分融合，再用板子和布盖在陶瓷缸上闷盖。待点好的浆水静止，就可以逼水、划块了。

划好的白坯一块块灌入蒲包，用手捏实，转圈收紧，状若银元。蒲草清香，纹理曼妙，朴素的豆腐干，有了神采。

这又是道极吃功夫的活。省了它，便丢了和桥老油豆腐干灵动清盈、活泼洒脱的神采。

装好的蒲包，放入木板，十来层，层层叠好，滚粗的大树干压上去，得有五六个工人，双手吊在上面，一起施力，每隔十分钟重复加压一次，持续一个多小时，白坯定型，可从蒲包中取出。

白坯更好成型，豆腐干更有嚼劲，也有秘诀：你得在加压前浇上热水。

每道环节都打上了时间给予的韧劲，师傅们用那股"不着急"的心性，将老手艺的品质，孤独地坚持了下来。

（俞臣）

苏欣：一条南新老街、一座里塘渎桥、一群老街坊……这里留恋着昨天，保留最真实的人间烟火；这里也在追赶着明天，展露文化街独有的书卷气。

市井处　最人间

漏湖，老街，青苔，小巷，
河水流过古桥，也流过时间。
江南名镇几代人的生活故事，
在青石板上烙刻出岁月的印痕。
吹着漏湖风长大的游子，
舍不去萦绕心间的故里情深。
家乡的小桥流水、黛瓦灰墙，
是吴冠中最好的写生素材。
一幅幅归根的画面上，
写满虔诚、思念和眷恋。
还有那一方"东坡田"，
和永定里的海棠遥遥呼应。
那是东坡心折邵民瞻的君子气度，
传递惺惺相惜的情感。
山长水远，归路迢迢，
荷花叶包裹的老式月饼，
裹挟着游子淡淡的乡愁，

这是时间的味道、乡情的味道。
章剑华旧居的墙上，
"新章草"写就东坡的诗词佳句，
文人之间的遥相致意，
生发"耕读传家"的豪情。
遥远的童年、古老的街，
素描般的墙面、碧绿的苔藓，
亲切的邻里、熟悉的乡音，
永远是游子心灵皈依的院落。

（高春艳）

TIPS

1. 南新老街位于和桥镇西锄村境内，建筑为清一色的白墙青瓦。相传大文豪苏东坡曾在附近买田，著名画家吴冠中曾在这里写生创作。当代，这里还走出了江苏省文联主席章剑华等一批知名乡贤。

2. 2018年底，南新老街进行翻新修缮，南新书场、东坡美术馆、阳美茶社等基础设施建设到位，南新老街正式更名为"南新文化街"。

泥土中生长的丝弦

苏欣：春夜，有人在放二胡曲，闵惠芬的《春诗》。大师生前多次回家乡演奏，深情款款地说，自己的家乡有着浓重乡土民间音乐氛围，江南丝竹、苏南吹打、弹词滩簧、佛曲民谣滋养了她。去乡间听曲吧，稻田里，瓜架下，听一场丝弦音乐会。

赶庙会、放河灯、赛歌会、出花灯、吹拉弹唱、庆丰收……洴浰人最传统的生活，有着不可思议的诗意。

徐舍洴浰是个古村，它的丝弦有上千年历史。

老人们记得年轻时，一到七月半，丝弦笃板一响，勾铙儿、镲儿一起来："喱亲喱亲……笃！"如梦一般的乐音，随月亮升起来……吹拉弹唱，将月亮弹得越发的白，木船也洗得越发的亮。牌楼扎彩，挂满花灯，一个码头一个码头地放河灯……花船划破琉璃般的河面，滑入月光深处……

古老的丝弦喑哑了近半个世纪……就在二十来年前，村里的老艺人边弹边记，抢救古曲，寻场地，讨经费，拉人马。宜兴丝弦，重新活泼泼地长在乡村土地上。

队长钱红庄操起胡琴对着古谱拉起来。音乐从指尖流淌而来，似乎是风儿从青青的麦垄上吹过。突然，旋律高亢起来，那是汉子从胸腔深处吼出的劳动号子……

深沉，激荡。这是《头不只》，车水号子。

七八个汉子站在水车上，一齐用力，边踩边喊："嗨哎哟——吭唷——一轱辘喽——嗨哎哟——吭唷——两轱辘喽……"

领头人扯一把茅草捏在手里，唱一个轱辘，压一根茅草，其他人一起和，唱完十个轱辘，换一个人上来，几天几夜不停歇……

宜兴丝弦古曲，展现了乡村大地的情感与场景，有着厚重的底蕴和活泼的生命精神。

新出的稻秧眨着绿色的眼睛，丝瓜鼓着金黄的花，这时，村子里的丝弦响了。

拉胡琴的白发公公，弹月琴的老汉，敲扬琴的婆姨……他们眼里有光，胸膛有火，是一群单纯而欢喜的老小孩。

乡村艺人的灵魂，像埋在泥水里的江南藕，有着属于他们的荷香满塘。

（吕瑞芳）

琴音燃烧，她为众人抱薪

TIPS

1. 闵惠芬（1945—2014），出生于宜兴万石镇万石村湾斗里，杰出的二胡表演艺术家，曾任中国音乐家协会副主席。

2. 闵惠芬艺术馆及其故居位于宜兴市万石镇。

背着二胡行走人间，她说，我要寻求天下的知音。

1996年，她去安徽利辛县水利工地演出。

天大雪，奇冷。

修河的工友们里三层外三层，紧紧围住，挡住寒风。她的手冻得发疼，演奏了八首乐曲。

琴音，割开阴霾，在漫天风雪里燃烧。她以音乐，为众人抱薪。

她是世界级大师，平均每年义演一百余场。

镍都金昌，一座座山，削成陀螺，她一个接一个的矿区演奏……矿工们身上沾着泥，脸上的笑容无比灿烂。

她总是左肩斜背着胡琴，琴箱带交叉在胸前，简直是"五花大绑"，右手拉个大箱子，左手拎着演出服，笑吟吟和大家道别，那样子可爱极了。

《江河水》渐起，在琴音里，江河冲天咆哮，纤夫挣扎向前。

日本指挥家小泽征尔说此曲"听起来使人痛彻肺腑"。

她是情感极为强烈之人。除了凄凉，她还要拉出抗争，"要抵达拨云见日的境界"。

心随弓运，意到声发。她的音乐，有万里江山，有民间忧欢。

大型二胡协奏曲《长城随想》，诞生于1982年，一个春潮初起、百废待兴的年代。

全曲有一种磐石般不可动摇的坚定感，如华夏之巍峨。

是年，她患上了黑色素瘤，此后经历了6次大手术、15次化疗。

一次次晕倒，她又一次次颤栗着站起来练习。她拼尽生命的力量，赋予《长城随想》史诗般的气概。

她的行装有时很特别，除了一把二胡，还有一面潮州大铜锣、一个小小狗叫锣、一副扁扁大铙钹、一对高低音木鱼——她为观众带去重新创编的《寒鸦戏水》。

万里归来颜愈少。她总在赋予二胡演奏无限创新空间。

她就是闵惠芬，她的《春诗》，是在为故里湾斗里而奏呀。

她说："我就是从那里走来的乡间小丫呀。"

（徐沐明）

芥欣：那东坡肉啊，方方正正，每块都闪着红光，软糯，弹牙，飘着浓郁的香味儿。尝上一口，梦回黄土寺村，可与东坡先生对坐饮酒，促膝长谈。

东坡的小饭桌

宋神宗元丰年间，东坡先生应友人邵民瞻之邀，一叶扁舟款款来宜。

彼时，黄土寺正值鼎盛，香客云集，香火不息。黄土寺村内，便备有厢房五千，以待来客。

见此处风景甚佳，先生索性住下了。在这西厢房里，与文人墨客谈经论道、饮酒赋诗。

有诗有酒，岂能无好菜？

东坡大笑："黄庭坚讲得好，万钱自是宰相事，一饭且从吾党说。"

宰相操万钱之心，我们且不去管他。整些好饭菜，还是能随自己的心愿的。

东坡是美食家，也是大厨。他的小饭桌上，有春天的荠菜、韭苗水饼、蒌蒿、山蕨菜、野菌子、鲜笋鸡汤、鲫鱼羹、白鹅截掌、鳖解甲……最后还有味新式菜：东坡肉！

猪肉当时非宋朝人最爱，贵者不肯吃，贫者不解煮。先生自有妙法。

猪肉切成两寸许的方块，"净洗铛，少著水，柴头罨烟焰不起。待他自熟莫催他，火候足时他自美"。

薄皮嫩肉、色泽红亮、味醇汁浓，香飘满村。这便是俘获天下人的"东坡肉"啊。

"东坡肉"的烹调技艺，从此世代相传。

晨钟暮鼓中，东坡在黄土寺村摆的小饭桌，香味如昨。

（万芳宁）

TIPS

民间传说，名扬天下的"绍兴黄酒"，其酿制秘方乃苏东坡从万石黄土寺村传至绍兴酒商处。

44

芮欣：你在万石街头走一走，半数都是新市民。为何有这么多人定居在这一方小镇？自是因为此处产业兴旺，有发展！留在这里，倾力奋斗就能换来幸福的明天！万石虽无山，却当真有千千万万的精美石头！

精美的石头会唱歌

2008年，福建泉州水头的吴纯来随堂弟来到宜兴万石。来后不久，他就在这里发现商机，开始在江苏省华东石材市场做石材生意。此后几年，吴纯来的生意越做越大，在水头和万石两地都有了经营石材的店铺。

其实，石材市场上超半数的商户都来自水头，万石淳朴崇善的民风留住了天南地北的客商，他们在这里做生意安心、放心。纵观市场，亭、台、楼、阁、桥、柱、栏、坊、龙、狮、马、羊、牛……各种石材装饰件，琳琅满目、美不胜收。只有你想不到的，没有他做不成的。

万石原本无石可倚、无山可托。乘着改革开放的东风，万石人踏准节奏，以勇气、智慧、勤奋和善良，从大理石加工厂起步，栽下了一株惠及周边数万村民的"摇钱树"，创造了一个从"无石"到"万石"的奇迹。

有一首歌叫《有一个美丽的传说》，歌里唱道："有一个美丽的传说，精美的石头会唱歌。"在万石，各类石材正讲述着善良者的欢乐、勇敢者的幸福。冥冥之中，前人种下的石头情结遇着如今的好时代，开花结果了呢！

（任宣平）

TIPS

1. 目前，万石已成为中国最大的石材集散批发中心。江苏省华东石材市场占地400多公顷，全国20多个省（市）的1400多家石材经销商常年驻场经营，从业人员有10000余人，年销售额超100亿元。

2. 万石依"石"闻名，却从不限于"石"。几十年的发展，万石培育了机电、封头、电子电器、杆塔、新材料、专用设备制造等产业体系，并跻身首批国家级农业产业强镇。

苏欣：穿过车流与人流，就在闹市旁，有一处清静地。那里有青草泥土的芬芳，更有打开身心的舒畅。来，跟我尽情享受吧！

闹市里的小确幸

漫步长长的林荫路，穿过茂盛的大草坪，到龙背山森林公园"吸氧"是一件幸福事。

周末，去森林公园露营。一人一椅一帐篷，一景一饮一心境。帐篷内，大人们相谈甚欢，孩子们在外嬉笑逗闹，一半山川溪流，一半烟火家常。眼看蓝天白云，耳闻鸟语花香，抬头就是广袤的天空，这大概就是露营的意义吧。

这里不只有大自然，藏于公园内的时尚咖啡店是很多年轻人必来的打卡地。初春时节，悠闲的午后，约上三五好友在这绿意葱茏的咖啡店里，捧上一杯浓厚醇香的咖啡，品上一份甜品，必是惬意十足的。

高达九层的文峰塔是登高远眺的绝佳位置，几位远道而来的老人扶梯而上，饱览铜峰秀色、太湖烟波、三氿风光和宜兴城市新姿，心旷神怡。他们说，这边风景独好，处处绿树环绕，大口呼吸，神清气爽。

把时间留给自己，把自己交给自然，素日里的喧嚣和琐碎在这一刻逐渐消退。

（马溪遥）

TIPS

相传晋朝时，宜兴有一条蛟龙常列发山洪祸害百姓。后来，蛟龙被周处斩杀，这一带山冈形似蛟龙伏着的背脊，故得名"龙背山"。龙背山东濒东氿，西连铜官，绿水青山，景色秀丽，人们称为"活龙地"。2000年以来，宜兴投入巨资精心开发。现在，地处宜兴城区人民路最南端的龙背山森林公园，占地5.5平方公里，是国家4A级旅游景区，也是华东地区最具自然文化特色和最大的现代化亲民城市绿化公园。

夏
Summer

莫教辜负竹风凉

芥欣：苏东坡曾评价："日啖荔枝三百颗，不辞长做岭南人。"品尝过杨梅后马上改口："西凉葡萄，闽广荔枝，未若吴越杨梅。"你看，宜兴杨梅有东坡认证呢！

"梅"好很短，速来！

北纬31°，一个诞生奇迹的地方。

初夏，湖㳇在这根纬线上，开始绽放"梅"好。

湖㳇的杨梅个头不大，不施化肥、不打农药，纯有机种植，能边采边吃。因为吸饱了阳光和甘露，湖㳇杨梅乌黑亮泽、汁水鲜甜，带着一点美妙的酸味，口感丰富，一口可抵暑气漫长。

湖㳇人自然乐得分享这份"梅"好。

每到杨梅挂果，王飞一家就要从宜兴城里搬回磬山脚下的老家，搭脚架、请工人，只等点点红色缀满枝头。杨梅季很短，就那么十天的工夫，一眨眼，红了，甜了，落了，过季了。若想再尝，只能待来年。

"杨梅红了吗？"天南海北的亲友馋极了，总要问一句。

"红了！"

你看，挂着各地牌照的汽车在磬山脚下排起了长队。

王飞忙着摘杨梅、送杨梅，顺便带上亲友尝口农家乐，看看家门口的美景。

朋友圈里尽是与杨梅的"亲密约会"。

一家人的生活也像杨梅一样，红得热烈又滚烫。

以梅为媒，以梅会友。

每年的杨梅节引来了天南地北的赏"梅"人，小小的杨梅成就了亿元大产业。

（秦洁）

TIPS

1. 湖㳇杨梅品种为"荸荠"，口感九分甜，一分酸，滋味无穷。目前，全镇有杨梅园1.2万亩，年产杨梅1万余吨，占全市杨梅种植面积、产量的90%以上，是苏南地区种植面积最大的杨梅产区。

2. 湖㳇杨梅相继荣获"国家地理标志证明商标""中国绿色食品A级产品""生态原产地产品保护证书"等荣誉。

苏欣：宜兴多水，宜兴人一天天的日子，像是被流水浣洗过的，神清气爽。宜兴的水，滋养阳羡大地，又涤荡人心。

阳羡大地　一泉活水

东坡是个名副其实的"茶痴"，他一生爱茶、嗜茶，更懂茶。他说，好茶必须配好水，"活水还须活火烹"。

东坡煎茶，独爱金沙泉水。位于湖㳇镇西一里多地的金沙泉，是泡制唐代贡茶的名泉，《重刊宜兴县旧志》载：金沙泉因"泉色炯炯如金故名"。

金沙泉的每一滴泉水，都蕴含着阳羡大地的馈赠，恰似位温文君子，不急不躁，不争不抢。金沙泉清澈透亮，映射着山林清新绿意，清冽甘甜。

相传，苏东坡闲居宜兴时，常叫书童去金沙泉挑水。一日书童偷懒，换装了普通河水交差，被东坡识破。他取来一节竹管，一劈为二，分别交予书童、寺僧，作为取水凭证，戏称为"调水符"。他还作诗调侃："欺谩久成俗，关市有契繻。谁知南山下，取水亦置符……"

宜兴多山泉，也多山潭，与金沙泉为同一地下水脉的玉女潭，停膏湛碧，莹洁如玉，历代文人墨客为之倾倒。"潭结绿而澄清，濑扬白而埃戴华"，玉女潭如一块深蓝色的琥珀，镶嵌在半山绝弯中。郭沫若游历后，称之为"天下第一潭"。

宜兴壶、阳羡茶，再配上这泉活水……尘世的喧嚣、人生的烦恼，一切皆可抛。

（戴瀛滢）

TIPS

1. 金沙泉在古金沙寺旁。古金沙寺位于湖㳇镇银湖村，因战乱，如今只能寻得一处"金沙寺遗址"石碑。

2. 初建于唐代的玉女山庄，有江南园林第一园之称，位于湖㳇镇，文徵明、仇英曾为其写文、作画。景区主要为"玉阳洞天"和"玉潭凝碧"两部分。

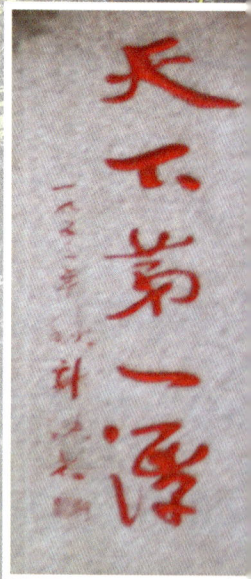

苏欣：在炎蒸暑赫天气里，何处觅一方清凉？不妨来到宜南山区，体验山涧水趣，涧水叮咚流淌，行走其间，身心皆畅。

山涧，大自然盛夏的请柬

在湖汶镇汏西村，山涧溪流穿村而过，流水潺潺、清澈见底。

与寻常河流不同，山涧吐故纳新，一呼一吸间，一股清凉如涓涓细流，直达心田。

对于村民杨山华来说，清爽甘冽、潺然有声的山涧，承载着他满满的童年记忆。

那时，每当盛夏酷热难耐时，他总会约上同村的小伙伴，去山涧戏水消暑。摸螺蛳、抓鱼……涧水如丝绸般滑过肌肤，空气中混杂着草木的清香，深吸几口，沁人心脾。

近晌或傍晚，是山涧最热闹的时候。三三两两的村民挎着形状各异的篮子，来到山涧边，洗菜、淘米……大伙在布满卵石的溪流中有说有笑，一双双眼睛弯成了月牙。

夜阑人静时，月洒清辉，找一块空地坐下，凉风习习，看满天星斗，听流水潺潺，忙碌一天的疲惫顿时烟消云散。

如今，虽已不住在故地，但杨山华仍会在盛夏，带着孩子来到故乡的山涧亲水。于他而言，无论走多远，这汪山涧已深深地镌刻在心里。

它，又何尝不是大自然在盛夏发出的请柬？

（尹焱）

TIPS

　　宜南山区涧滩众多，太华镇乾元村、湖氵父镇邵东村、丁蜀镇上坝村等的潺潺溪水，不仅养育了当地土生土长的村民，现如今也成为人们夏季亲水、寻趣的胜地。

苏欣：一个人的亲友圈能有多大，不光看个人的出身、地位，更取决于他的性格和三观。东坡先生朋友遍天下，能入其"法眼"的已然人杰，若能让他愿意做媒、成就姻缘的，那必定更加不凡。在湖㳇单家巷的弄堂里，便隐着一段佳话……

东坡的宜兴亲眷

　　湖㳇镇上有条巷弄叫单家巷，路虽不长，却因历史上单氏家族的"光鲜"而远近闻名。尤其在宋代，从单家巷走出过11位进士。单氏中人单锡，因与苏东坡间的故事，更为后人津津乐道。

　　嘉祐二年（1057），单锡考中进士，这在文人辈出的宜兴可上不了"热搜"。然而，那年的科举却因出了苏东坡而备受关注。与天才同行，与有荣焉。一场琼林宴上，单锡与同乡蒋之奇结识了苏东坡并一见如故，他们口中的阳羡风光旖旎、人文荟萃，实令苏东坡心神往之。

　　之后，苏东坡几次来宜，都会去单锡家拜访，与单锡、单锷两兄弟筏舟山水、漫步竹林、对饮成诗、好不惬意。热情好客的单家人，不仅将他视作贵宾，更将珍藏的苏涣遗墨《谢蒋希鲁及第启》赠他。这是伯父写给宜兴人蒋堂的一封感谢信，偶得如此珍贵的回忆，苏东坡的内心激动不已。

　　感怀和敬佩单氏的贤达，苏东坡便将外甥女介绍给了单锡，为此还向友人王诜借钱为新人筹办婚礼，苏单两家自此结为至亲。作为"娘舅"，苏东坡与宜兴又多了一分牵挂。

　　而单锡弟弟单锷，则给了苏东坡别样的惊喜。

　　单锷，毕生醉心于治水，历时30余年写成《吴中水利书》，苏东坡将此书奏进朝廷。这两个治水专家，聊得投机，互相影响，可谓知音。

　　此后多年，苏东坡与单家书信往来不断，苏东坡来宜也必住单家。苏东坡被贬岭南，将儿孙们安顿于宜兴，托单锡照顾，这才放心离去。

　　单锡去世后，苏东坡特作祭文"内齐于家，外敏于官……念我孤甥，生逢百艰"，无比哀恸痛惜。

　　因为一群人，爱上宜兴城，最后想要成为宜兴人。或许，这就是东坡先生当年的心境吧。

（耿蕾）

苏欣：要问端午哪里最"燃"，丁蜀镇青龙河可以排榜首。啥？不信？那就速速上船，一起感受速度与激情并存的龙舟挑战赛。

无龙舟　不端午

6月的青龙河，锣鼓喧天，
一艘艘龙舟，在河面上劈波斩浪。
河畔，人头攒动、欢呼雀跃，
阵阵呐喊，浪花飞溅，一片欢腾。
这是2023年丁蜀镇的端午龙舟挑战赛。
划龙舟，
最重要的是"一条船一条心"。

58

丁蜀镇龙舟下水仪式

比赛中，
整齐划一的口号响彻河面，
舵手、鼓手、桨手各司其职，
在力量、节奏、角度上默契配合，
百舸争流、搏桨跃浪、人舟合一，
成了青龙河一道靓丽的风景线。
陶人队是这次龙舟挑战赛的冠军队。
因为热爱，他们一起做壶、陶刻；
因为缘分，他们相约举桨、划舟。
无龙舟，不端午。
龙舟文化绵延千年，
在开放包容的陶都，
一群年轻人给予了它新的生命与活力。

（戴瀛滢）

TIPS

　　2023年6月23日，首届丁蜀镇龙舟挑战赛举行，参赛人群均是业余爱好者，他们以桨会友，在历史绵延的青龙河里，共同演绎了一场独特的端午盛会。此次挑战赛，还登上了央视综合、央视财经、央视新闻等多个频道，助推丁蜀镇提升知名度、美誉度。

苏轼：宁可食无肉，不可居无竹。无肉令人瘦，无竹令人俗。倾听竹叶那沙沙的、微微的私语，静观那片片翠绿的、幽深的竹林，一种清凉的爽意和悠闲便从心底升起。在宜兴，竹是大自然馈赠的"厚礼"。

江南竹绿洗心尘

夏日，暑气蒸腾，宜南山区的毛竹愈发壮实了。

竹叶青翠欲滴，远看像绿色的海洋，一阵风吹过，响起"沙沙"声。

天微微亮，竹农黄爱华就上山了，在竹林中选择适合砍伐的毛竹。

砍伐毛竹是件苦差事，整天刀不离手，老黄的手掌因此磨出了一层厚厚的老茧。

一年中，夏日伐竹最艰苦，被汗水湿透的衣服一刻也没有干过。

成千上万的竹子连绵成海。

山风在竹林中吹过，竹尖高低起伏，如波如涛，宛如一道清凉的绿色屏障。

对于老黄而言，竹子是她最珍贵的宝贝，伐得的竹子，或自己加工成各式竹制品，或出售给外地商户。

劳作间，老黄直起腰，拍了拍手，"咕咚""咕咚"灌下一大口凉茶。

小歇片刻，老黄弯下腰，继续用最朴素的方式收获大自然的馈赠。

（尹焱）

TIPS

宜兴素以"竹的海洋"闻名于世，竹林面积约21万亩，占全市山林总面积的三分之一，辖区内还有约1万亩的竹海风景区。在长期的发展中，宜兴大力发展绿色富民竹产业，通过做实竹林基地、做强竹品产业、做优竹旅康养，持续推动竹产业高质量发展。

"竹意"生活

靠山吃山，靠水吃水，竹乡人自然是"吃"竹子的。

别处小孩调皮，多是被吓唬：小心挨揍！在这，大人只要来一句："我看你又想吃'毛竹板煨猪肉'了！"毛竹板子质硬且韧，光是划破空气就"咻咻"作响，再顽劣的小鬼头听了也立刻识相。

漫步竹林，林子里散养的走地鸡，见人一点都不怕生。竹林间，孩子们选两棵粗壮老竹，系上麻绳，拴个竹凳子就荡起秋千。偶尔也得了令，到林子里捡鸡蛋，散养的老母鸡总把蛋下在犄角旮旯里，怎么找都有漏。但也不着急，过阵子自有几只小鸡仔，跟在母鸡后头有样学样，闲闲踱出来。

大人要忙得更多，但左右还是竹子的事。山区夏日雨量充沛，晴好天气要"抢"。抢来的好天气多用来晾竹丝，竹丝剖得长长薄薄，小拇指宽度，狠晒上几个日头就软中带韧，成了编凉席、制竹篮的好材料，成品美观耐用，拿到集市上去卖，总是飞飞俏。竹扫把、竹凳子、竹扁担、竹筛子……乡里人家的角角落落，总有些竹制的物件，用得趁手又放心。那些外乡来走亲戚的婶婶伯伯们，看这个也可心，那个也顺意，临走连屁股下的竹板凳也抽出来要讨走。

他们等不及新制的，总说："这个就很好，你们手真巧啊，卖家货哪有这种好东西！"

这话确是不错，竹乡人手脚勤快，竹子又那么慷慨。

于是家里这些小物件，年年制，年年换，总是半新不旧，很难焕发竹制品久用后的铮亮。

（赵辰瑄）

山村扇匠

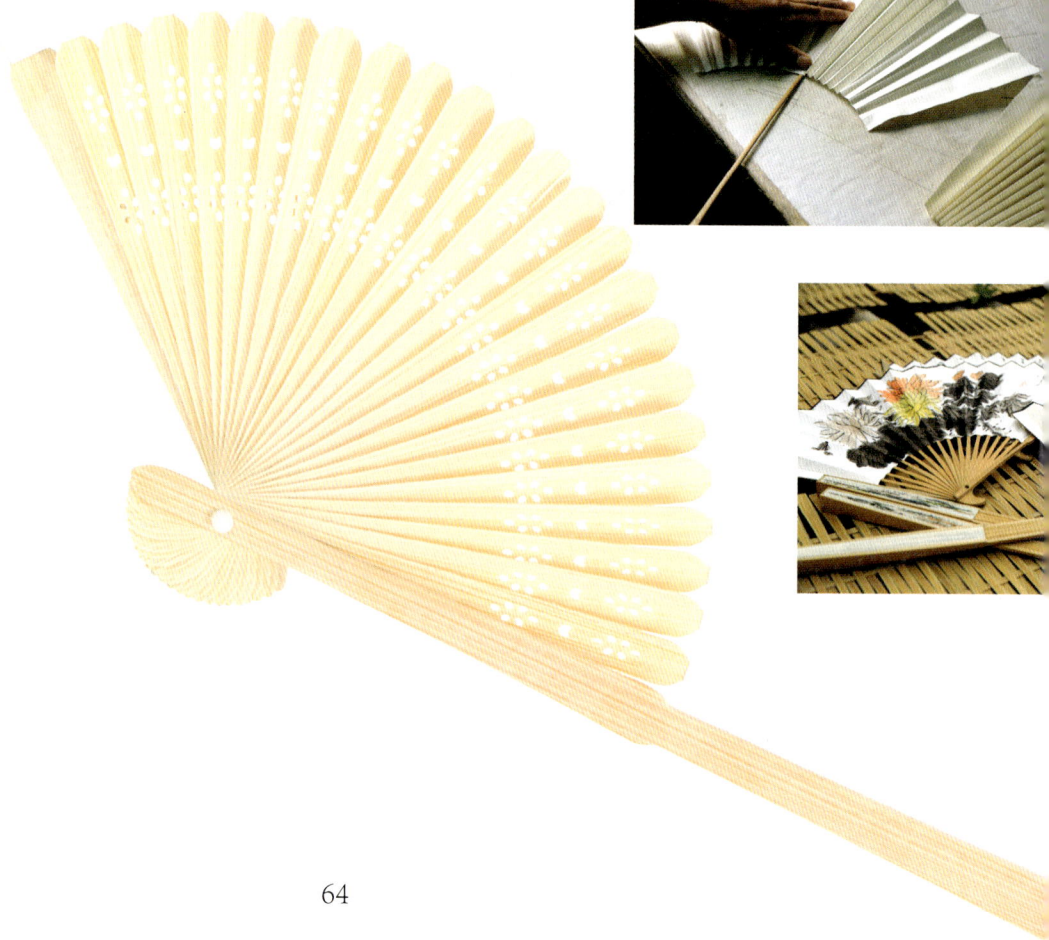

自小泡在竹海深处的汤忠财是山村制扇匠，擅做玉竹扇。

做竹器是太华人的看家本领，汤师傅从小就会。大约四十年前，村里来了十几个苏州人，他们看中了这里的毛竹山，寻到这里准备办扇厂，从开料、做扇骨、裱扇到画画，全套人马都来山村了。汤忠财也进厂多年，学了一手制扇好技艺，扇厂停办，他的手艺没停。

每年深秋，当草木开始落黄，作物休眠，汤师傅便开着三卡车和媳妇玉芳上山砍毛竹。秋冬的毛竹汁水少，做出来的竹器不易被虫蛀。

六七年生的毛竹做玉竹扇最为上乘。他不请帮工，自己动手才放心，下手砍的时候轻扶倒地，怕碰伤竹皮，从半山腰捐下来也是小心翼翼。竹到家，先断料，节疤去掉，毛料开好，烧煮了，捞出来晒日头。接下来入库静养，养上七八年，甚至更长时间，等毛竹的火气褪掉，变温润了，再开始制扇。

做玉竹扇要的是静气，浮躁的人做不来。

一把七寸长的扇子，十八片扇骨加起来不满一寸，两片扇骨加一起才一毫米。如此细腻的竹料全靠手工拉出来，拉的时候，要屏气凝神，拿捏到位，不然就拉不均匀。

扇子打开收拢，频繁使用，极考验扇眼里的扇钉。洞打得不好，扇钉松动，这把扇子形散神也散了。扇眼是玉竹扇的眼神，上品的扇子，扇眼要形似老鼠眼。扇钉的材质也极讲究，铜钉和铁钉会伤及扇骨，是不能用的，汤师傅用的是牛角钉，江南农村养的水牛，将水牛头上的角拉成丝，穿在扇眼里，然后用烫嘴烫牢，烫嘴在炭火上煨热，反复烫磨，直磨到牛角钉像老鼠的眼睛一样有神，才符合要求。

汤家的玉竹扇用好宣纸裱面，明矾和骨胶掺和，用排笔通刷，阴干，再刷，再阴干，三矾四套，前后有近二十道工序，裱扇是生宣变熟宣的过程。

整把玉竹扇制成要有上百道工序，这既是对竹材的锤炼，也是对时间的检验。世间喧嚣，匠心沉静。扇子会被北京荣宝斋、上海丽云阁等老字号相中，这好比自己养的闺女，嫁了个好人家，有缘之人爱惜珍视，是汤师傅莫大的安慰。

太华山区做竹扇的，20世纪70年代有上千人，现在只有汤师傅一家在做，他也成了这门非遗技艺的代表性传承人。常有书画家到他的小院里来，选扇、画画，彼此成了朋友。

扇坊总是静得很，竹丝噗噗落地，偶尔听到他跟儿子文杰讲："这扇子打开要有形，收起也要有形，学做扇也是学做人呐！"

（乐心）

65

求欣：宜兴素有"洞的世界"之美誉，"洞主"为何人也？他曾被推选为宜兴县第一任民政长，后更是倾尽家财，开发、整修善卷和张公两个溶洞，乃近代中国旅游业的开拓者。

"洞主"清德今犹在

知名作家冯光辉曾言:"到过善卷洞并记得善卷洞的游客很多,到过善卷洞并记得储先生的游客很少。"

储先生是谁,想必宜兴人都明了。

中国溶洞之父、近代中国旅游业的开拓者储南强。

早年,学而优则仕。任职期间,他遍察山水地形,研究溶洞文化。

唐代昭义节度使李蠙为善卷洞冠以"万古灵迹"美名,唐代传奇《虬髯客传》作者杜光庭为张公洞题词"洞天福地",苏轼苏辙为洞写诗,唐伯虎自云:游张公洞归,当急议制一图……

细细翻阅史书,竟不知,在陶都大地沉睡了多少个世纪的溶洞,有如此光辉的过往。

惋惜于双洞的奇绝无人重视、无人整修。暮年,储南强辞官回乡,"大手笔"开发起了善卷洞和张公洞。

心血之巨,其中的辛酸只有他自己知晓。

"爱竭私赀"确有其事,变卖首饰,变卖田地,甚至儿媳从娘家分得的钱也全都"填"进了洞里。

"袋中无钱只有纸""插支梅花便过年",是他那些年生活的真实写照。

倾其所有,却未在双洞留下自己的名字,他只为给家乡留下天然无瑕的自然文化遗产。

(万芳宁)

TIPS

1. 善卷洞是石灰岩溶洞。舜让天下于善卷,善卷避居于此,故名其洞。该洞位于张渚镇,全洞由上中下后四洞组成,洞洞奇异而相通。

2. 张公洞又名庚桑洞。位于宜兴城西南约22公里的孟峰山麓。该洞有大小洞穴72个,各洞的温度又不相同,素有"海内奇观"之称。相传汉代张道陵曾在此修道,唐代张果老在此隐居,故称张公洞。

3. 慕蠡洞坐落在宜兴西南部山区的金塘山中,景观壮丽、气宇非凡。民间传说是一个仙人居住的"仙人洞",又说佛祖释迦牟尼在此住过,所以又称"牟尼洞"。

苏欣: 宜兴有江南第一碑, 名叫国山碑。它静坐在时光深处, 见证了红飞翠舞, 也经历了衰草寒烟。或许, 历史最大的意义就在于, 它虽不能告诉我们往哪走, 却能告诉我们从哪来。

夏

石头记

我是离墨山上的一块顽石，自有记忆起，我便一直守在此。

若不是公元276年的一场地震，我不知道还要沉睡多久。

地震后，山上出现了十余丈长的石室，世人便以此为祥瑞。

东吴末帝孙皓派司徒董朝来此封禅，并刻石以记，把离墨山改名为国山。

而我，也被唤作国山碑。

世人也是可笑，以为依托这祥瑞之兆，便能保佑日薄西山的东吴一统天下。

可我只是一块千字的碑文石刻，改变不了这天下之势，更无法挽回东吴走向灭亡的命运。

岁月变迁，又是无数个斗转星移。

白天，我伫立在国山之巅赏旖旎风光；

夜晚，我沐浴在明月清风下独享静谧……

不少文人墨客听闻我，特不远万里，只为上山一睹我的真容。

他们说，我身上的文字"有周秦遗风，纯古秀茂，乃书法佳作"。

一日，我沐浴在落日余晖下，却见远处走来一僧一客。

我听那僧人唤身边人"东坡先生"。

东坡眉头紧蹙，正听那僧人将我的故事娓娓道来。

暮色愈浓，善权寺响起阵阵晚钟，惊飞了林间栖息的鸦雀。

东坡站在山巅，目光看向我，缓缓吟道："离墨山上，望烟寺茫茫。悄然神物。僧指孙吴封禅处，漫说银象玉璧。紫气黄盖……鸦惊暮钟，策筇寻径踏月。"

那一瞬间，我仿佛回到了数百年前的东吴，封禅的记忆再度涌入。

一词吟罢，东坡感慨一笑，挥了挥衣袖，迤迤然下山去了。

又是数百年风霜。

岁月侵蚀下，我身上的字体逐渐模糊。

后人为了保护我，修庭建院，让我远离了风吹雨打。

我会一直伫立于此，将我的故事向千千万万人诉说。

（陈雅菲）

TIPS

国山碑，国家重点文物保护单位，位于张渚镇祝陵村国山（离墨山）上，距今已有1700多年。高2.35米，碑围3.3米，形如鼓，微圆而椭，四周刻封禅文辞，计43行，每行25字，共1075字。其是研究东吴政治、社会领域的重要史料，也是中国现存最早的仍能看清字迹的封禅碑刻之一。

苏欣：说起宜兴的古桥，不得不提玉带桥。这座桥已有九百多年历史，横跨在张渚镇祝陵村双祝河上。日出日落，玉带桥的倒影映在河面上，风一吹，微波粼粼，仿佛在叙说它与苏东坡的渊源。

这座桥，苏东坡捐玉带造的！

时间回到公元1074年3月的一天。

那天，东坡在同榜进士单锡的陪伴下，来游善卷洞，走到祝陵村附近，却被一条小河拦住了去路。

河中有一条小船，船上两个青年男子正在罱河泥，东坡便喊道："劳驾两位摆个渡。"

两青年回头一看，说道："老先生要摆渡，这个不难，只是我兄弟俩有一事要先打扰你们……"

东坡一愣："有什么事，请讲！"

"请先生联一对句，联好后，就摆你们过去……"

东坡一听，喜上眉梢，忙说："请赐上联。"

"泥罱罱泥，泥鳅钻出泥罱眼。"

东坡和单锡听了，觉得这句子文字虽平常，结构却有些刁钻，要想对仗工整，一时难觅佳句。

这时，一个儿童手牵一头大牯牛来到前面一个水车棚里，驾好辕，吆喝一声，大牯牛就围着水车转起来。转了一圈，一股清水就从水车头中哗哗地流了

出来。

东坡一见，灵机一动，吟道："水车车水，水牛盘过水车头。"

两青年听了下联，佩服得伸出大拇指，很快就把他俩摆过河去。

过了河，进了小酒家，东坡一边品尝"祝陵酒"的美味，一边回忆起刚才的事，不胜感慨：这里河水相隔，怎么可以没有一座桥？

于是，他和单锡一商量，二人不谋而合，便请来村坊父老，东坡又解下腰间皇帝所赐的玉带，建议大家捐款造桥。

没多久，一座花岗岩拱桥屹立在双祝河上。人们不忘东坡义举，便题名为"玉带桥"。

（史国兴）

夏

TIPS

1. 玉带桥，为江苏省文物保护单位，桥南北长14米，桥面由长长的花岗岩石板和青石板铺成，两侧装有石柱、石栏，桥捐两侧则阳刻着"玉带桥"三个字，每个字有0.5平方米大小。

2. 据考证，除苏东坡捐玉带造桥的传说外，玉带桥的来历也有二元说法，系唐昭义节度使李蔚舍玉带建造。无论是李蔚还是苏东坡捐玉带建造了玉带桥，都是一段值得千古称颂的佳话。

苏欣：宜兴不仅有秀美的风光、深厚的历史文化底蕴，还有留存于山水间永恒不灭的"红色印记"。走进太华镇胥锦村，沿着红色足迹，重走信仰之路，处处都能感受到心灵的震撼和精神的激励。

粟裕将军喝过村里的水

流火七月，骄阳洒向龙珠湖，熠熠生辉。

群山掩映中的村庄，流淌着红色基因。

夏日乘凉，老人们总会如数家珍般聊起新四军的故事：

新四军战士来村民家过夜，总将水缸挑满水，临走时又把屋子打扫得干干净净，连打地铺用的稻草都摆放整齐。

新四军还来此挖过涧滩、淘过井。村里有一口老井，粟裕与江渭清曾在此取水喝，懂得感恩的胥锦人便将其命名为"将军井"，以此纪念他们……

从小听父辈讲新四军的故事，一颗红色的种子早早埋藏在她的心里。

2018年，得知村里建起了太华山新四军和苏南抗日根据地纪念馆，她毅然回到老家，当起了讲解员。

"这个馆名是由中国新四军研究会会长朱文泉上将亲笔题写的……"

佩戴着麦克风，每每讲起三洲实业中学、合兴饭店等的故事，她都无比自豪。

她要像父辈一样，把这里的往事，讲给红领巾听，讲给游客听，让更多人知道胥锦的红色过往。

红色基因，流淌在胥锦人血脉里，代代传承。

（姜露）

TIPS

太华镇胥锦村坐落在苏浙皖三省交界处，相传因伍子胥而得名，是宜兴首个、无锡市第二个入选全国红色美丽村庄建设试点的村庄。近年来，胥锦村建设了太华山新四军和苏南抗日根据地纪念馆等文化场所，并将红色资源串点成线，大力发展红色旅游，走出了一条独具特色的乡村振兴之路。

红色太华山
英勇小延安

太华山新四军和苏南抗日根据地纪念馆

73

苏欣：一方水土养一方人。太华人的乡愁，都藏在那一汪碧波中呢。

在水一方

远山林木葱茏，
水色碧绿如玉，
置身龙珠之畔，
山色湖光，
盈满眼底，
群山依偎中，
恰似明眸，
长久注目着穹顶。
和风轻抚，
湖面微泛涟漪。
金光洒落，
宛如宝石璀璨。
山间鸟鸣，
伴着簌簌清风，
似在揉风作诗，
诉说着龙珠的故事。
林地摇身变水库，
守护太华的安澜。
甘洌、澄澈的水，
滋养着山乡的繁华。

（宋浣竹）

TIPS

　　龙珠水库水利风景区位于太华镇，是省级水利风景区。以龙珠水库为核心，规划总面积3.24平方公里，其中水域面积约0.54平方公里。水库由胥锦涧、民望涧等8条涧河汇入而成，经由杨店涧流入下游云湖（横山水库），来水主要为太华镇东南部山区的降雨，是太华主要的饮用水水源地。

夏

苏欣：清晨，朝阳映照湖面，波光粼粼，湖光倒影千变万化；中午，微风拂面，碧波荡漾，湖面泛起阵阵涟漪；傍晚，夕阳西下，余晖洒满湖面，流金溢彩，水天一色……如此云湖美景，不禁让人感叹，哪怕是神笔马良，也画不出这幅绝美的水墨丹青吧！

云霓湖光

浅滩碧水，
远山如黛，
薄雾如轻纱缭绕，
云湖似画卷铺开。

云蒸霞蔚，
梵音阵阵，
和着鸟鸣，
涤荡心灵。

树静，
风平，
遗世独立，
超然物外。

（万芳宁）

TIPS

云湖原名横山水库，位于市区西南27公里的西渚镇，始建于20世纪50年代。云湖风景区以横山水库为主体，地势独特，竹木参天，群鸟飞舞，风景秀美如画。

苏欣：从4平方公里到212平方公里；从"一园三区"大框架到"一园一街一镇"新格局；从单一的环保水处理为主，向气声固仪和资源利用全面转型，再到新兴产业加速布局……在宜兴，环保产业是一群人与一座城的"双向奔赴"。

一群人与一座城的"双向奔赴"

宜兴，"中国环保之乡"。

数十年的破浪前行，是一群人与它的"双向奔赴"。

1974年，在乡贤、"宜兴环保第一人"姜达君的助力下，高塍农机厂第一笔环保业务——徐州冷库门保温设备项目启动。

同年，姜达君和高塍农机厂合作开发的新型PVC材质纯水离子交换柱面世，这是新中国成立后第一台环保设备，开启了中国环保设备研发生产的先河。

此后，宜兴县太滆建筑设备厂、宜兴县纯水设备厂相继成立，成为宜兴环保产业发展的开路先锋。

1984年初，鹏鹞创始人王盘君带领18名有志青年，赶赴上海边学习边实践，将先进的环保技术从上海引到宜兴，鹏鹞也被誉为宜兴环保产业的"黄埔军校"。

国家级环保装备产业基地、国家新型工业化产业示范基地、省级环保产业集群区和首批省级信息化和工业化融合试验区……经过多年的发展，高塍已形成鲜明的区域特色和独特的产业优势，不仅是装备制造区，还是交易服务区，造就了耀眼的环保产业集群。

都说热爱可抵岁月漫长。

你看，一群人用了数十年的光阴，为这座城市发展贡献力量。

大约，这就是热爱！

（任晓燕）

TIPS

2021年，环科园、高塍镇实行一体化运行发展。目前，环科园已集聚了2800多家环保企业，培育雏鹰、瞪羚、准独角兽企业90多家，连续七年开展江苏省重大科技成果转化项目，承担实施各级各类科技计划项目130多项，建立各类研发机构135家，其中国家级工程技术研究中心3家、省级工程技术研究中心63家。

芥欣：一寸山河一寸血，一抔热土一抔魂。在新建这片土地上，曾发生过许多感人肺腑、催人奋进的红色故事。时光荏苒，如今的新建镇依旧不乏志士，他们接力奋斗，用红色基因描绘着新时代的壮美画卷。

以热土敬洪流

夏日蝉鸣，绿树浓荫。

臧林小学校园里，教师讲起抗日英烈李复的故事，学生们清澈的眼眸里，映现出李复奋勇歼敌的坚毅与无畏。

从1906年出生在臧林，到1938年组织成立苏南人民抗日义勇军，再到1940年英勇牺牲。

李复一生誓复河山，虽死犹生。

穿越血与火的历史烟云，和李复一样，葛文英、朱裕山、李金良等先驱者，将希望的种子撒向新建，绽放了一片烂漫的红色。

新时代，"红色基因"接续传递。南塘村的孙超去了新疆戍边保国，路庄村的陈宁前往西藏服役……

新征程，"红色力量"催人奋进。

勤劳勇敢的新建人，始终传承着英勇奋战的铁军精神。

他们以热土敬洪流，不负壮志。

（倪晶）

芯欣: 层层叠叠的"欣健"玉米在微风中摇曳生姿, 硕果累累; 黄澄澄的黄桃一口咬下, 鲜嫩多汁; 勤劳的人们三三两两忙碌在蟹塘中, 脸上是丰收的喜悦。若在收获时, 再来一杯"欣健"玉米酿的"新建威士忌", 此等被"金"簇拥的快乐, 新建独一份!

来新建, 提一桶"金"

要问宜兴含"金"量最高的地方是哪里?

新建人定会站出来, 说他们那儿。

这份底气, 来自大闸蟹、黄桃、玉米、油菜花等串联起来的"黄金产业"。

"黄金产业"含金量几何?

新建"蟹王"储生锋, 会愉快地和你讲:

顶着滚滚热浪, 来看3000亩玉米田喜迎丰收,

水果玉米、鲜食玉米, 还有籽粒玉米,

这可都是省里专家实名点赞的"欣健"玉米!

逛完玉米地, 再去摘黄桃,

看金黄饱满的果实挂满枝头,

咬一口"万家园黄桃", 清甜入心。

这是独属于新建的甜蜜。

这头忙采摘, 那头蟹农们也忙活起来,

往蟹塘里撒上新建人自己种的玉米,

螃蟹吃得好, 也就长得壮,

不仅让国人一饱口福, 还漂洋过海爬上了异国他乡的餐桌。

等天一冷, 小酌"欣健"玉米酿的"新建威士忌",

澄澈透明的酒色、醇香厚重的酒味,

定能惊艳味蕾, 御寒又暖身。

在新建, 总能寻到"黄金产业"的澎湃活力,

只待你来, 提上满满一桶"金"。

(倪晶)

苏欣：瀛园，传说是城隍老爷的后花园。其园虽小，却不失江南园林该有的特色。此园极有静气，行走其中，每处建筑的名字、题额都会触发时光深处的一种相逢。它的背后，就是极为出色的宜兴名士群像。

游小园，若踏遍阳羡山水

青云巷南、闹中取静处，立一私家花园，名曰瀛园。

瀛园者，建于清朝乾隆年间，旧时宜兴乡人买下谢储两家旧宅，改建为城隍庙花园，取名"瀛园"。

瀛园虽小，占地三余亩，但布局精巧，海纳亭台楼榭、山石花草。可谓移步易景，极尽妙处。

叩门入园，假山黄石垒筑，屏障右转，即到"竹荫轩水榭"，水榭四方清冽、锦鲤环绕；过水榭，转北角为主建筑"行和厅"，但见雕花木梳梁，厅前院内，湖石假山，绿松迎客；穿厅而过，可登"逸兴遄飞阁"，凭栏而望，满目"瀛洲仙境"，着实快哉；少焉，再到"望来亭"，亭前古木参天，石壁幽邃，风烟俱净，天山共色。

人云，窥此园，可见荆溪地理全貌，大有"游小园，若踏遍阳羡山水"之感。

原是园中疏池叠石，池仿西汌，石拟南山，再现阳羡山清水秀；小桥之下，有宜兴善卷洞独特的钟乳石，过桥洞犹如进入山中溶洞；竹林茂密，如见宜南山区莽苍竹海一隅。

（陆乐）

TIPS

1. 瀛园，原名行园，坐落在宜兴城内，是宜兴至今保存最完好的古典园林建筑。

2. 瀛园门额为著名篆刻家潘稚亮所题。宜兴籍东林名士史孟麟写有《望来亭记》。竹荫轩水榭建于康熙年间，纪念宜兴储氏三位子弟同榜中进士。逸兴遄飞阁题名者为徐悲鸿之父、《荆溪十景图》作者徐达章。

三氿是画屏，人在画屏中住

芯欣：东氿之滨漫步、团氿之畔赏荷、西氿之岸戏水……这样的场景，是独属宜兴人的浪漫。团氿至东氿的慢行步道"全接续"，行于其间，只觉满眼皆景，处处可亲可爱，人如画中走，恬然自足。

86

身行万里半天下，不如阳羡溪头卧。

元丰某年某日，东坡泛舟西氿。一张琴，一壶酒，一溪云水过心头。

荆溪佳山水，三氿尤甚。

知县李止盈相告，"氿"为宜兴所独有。小城有三氿，东氿、团氿和西氿。

氿算是很大的湖面了，因宜兴坐拥太湖于城东，于是当地人谦称："这不是湖，只是氿。"

晴时，波光潋滟；雨来，山色空濛。

居士笑言，直将西氿比西子，浓妆淡抹总相宜。

岸边有人，三三两两，吃茶歇脚，吹笛唱曲，自有闲趣。

先生，入团氿了，船夫言。

船入芦荡，惊起鸥鹭。远远见着，岸边垂柳依依，道不尽情丝万缕，唱不尽山花烂漫。

渐渐，东氿又入眼帘，如入万顷琉璃界，清风拂过，卷起层层水波，似温柔絮语。

东坡醺然竟醉，置拳几上，垂头而寝，不知舟之所出。门外究观风味，使人千载想象。

悠悠然，他梦到了九百多年后的宜兴……

船夫笑问，那时节宜兴有多美？

三氿是画屏，人在画屏中住，呵呵呵……

东坡大笑。

（陆乐）

TIPS

1. 氿，有两种读音，当它读 jiǔ，便是宜兴特有的水域称谓，全国独家。

2. 宜兴有三氿镶嵌（东氿、团氿和西氿），呈东西串珠状，烟波盈盈，令人沉醉。其中，位于氿滨大道西侧的团氿风景区，为国家4A级风景区，由氿滨广场、任昉公园、氿滨公园、氿南风光带、氿北湿地公园和宜园等组成。

芥欣：街头霓虹变幻，炉前炭火不熄，来自五湖四海的美食相继成形，各种欢乐在此交汇、碰撞，人间烟火，怡然自得。氿边的烟火江湖，等你来细细品鉴……

喂，你哪个门派的？氿街啊！

88

火锅中沸水翻滚，热气氤氲升腾，围坐的众人抹下额头的汗珠，大块朵颐。

串肉在炭火中吱吱作响，晶亮的油脂肆意流出，迫不及待地入口，食客的嘴里还冒着烟。

不急，这边麦色冰啤上场，一口下肚，"啊——"叹出了"冰火两重天"自如切换的爽快。

……

每个地方都有烟火江湖，团氿边的烟火江湖在氿街。

江湖门派过百，弟子无数。

山东一家人开着饺子店，一声"饺子来啦"，一大盆冒着热气的饺子豪情万丈地摆到你面前。

常州美女姐姐经营家常菜馆，店内有中式窗格，菜用小碗小碟，尽是江南的精致细腻。

河南五姐妹卖羊肉粉，你先喝一口汤，再大口大口地嗦粉，在麻辣鲜香中感受到了泼辣热情。

这里，年轻人的烟火江湖更时尚。

广场音乐节上，响亮的声音划过湖面，年轻人挥舞荧光棒，高声合唱，难免破了音。

风物志集会，二次元们造型出圈，古风帅哥美女"穿越"到人流如织的氿街，让众人也有些恍惚。

动感的音乐声响起，身边的大学生突然成了主角，她随着节奏舞动，周围几名学生也加入其中。一旁的小孩大喊："看，那是我们小区的大姐姐。"

中老年人的烟火江湖带着浓浓的温情，

跟着兴奋的孩子在各种嘉年华里打卡。

三两好友氿街散步，从东头聊到西头。

约一群票友在氿边扯上几嗓子，好好享受这火热的时光。

（徐娜姿）

TIPS

氿街位于环科园（新街街道），2021年改造后更名为氿街。全长近500米，商户100余家，是宜兴夜经济发展的一个标志性商业街区。

走，去东氿新城赶时髦！

芫欣：要说宜兴最时尚的地方，那定是东氿新城。高楼林立、道路纵横、景观怡然、商圈繁华，都是它的时尚标签。在这里，虽是普通人，却可以活成不普通的Super normal。

90

宜兴人，是喜欢赶时髦的。

时髦的东氿新城，

从崛起到繁华，

也是靠自家人奋斗出来的。

早上，六点多，当阳光将细碎尽洒在东氿大厦、梅林大桥等地标性建筑上时，运动爱好者们或骑车，或跑步，拉开一天的接力序幕。

中午，十一点左右，万达广场、八佰伴购物中心、阳光100凤凰街，纷纷迎来一批又一批食客，或酌一盏小酒，或品一杯咖啡，为下午补足动力。

下午，两三点，兴之所至时，喜水者骑着快艇，在氿里乘风破浪；爱乐者赴一场露天音乐会，轻歌飞扬。

傍晚，夜火晶莹，吃过晚饭，在东氿广场、青墩公园轻松漫步，听风拂过耳畔。

周末，亦可走进宜兴文化中心，品书香、赏艺术。

十几年间，

东氿新城精彩蝶变，

给百万宜兴人带来了很多惊喜。

如今，

惊喜仍在继续。

(陆乐)

TIPS

东氿新城位于宜兴城东，目前建成区面积约23平方公里，是宜兴加快推进城市现代化的一项重要举措，拉开了城市骨架，提升了城市品位。东氿新城建设，标志着宜兴由"团氿时代"向"两氿时代"、由临湖城市向滨湖城市跨越发展。

秋

Autumn

敲火发山泉
烹茶避林樾
明窗倾紫盏
色味两奇绝

苏欣：了解宜兴，一定要知道周处。他是"阳羡第一人物"。周处改过自新，见之于《世说新语》。《晋书》赞其为"志节之士"。中央纪委国家监委网站曾宣传其不避权贵、以身殉国的故事。

周处长子周玘率族人"三兴义兵定江南"，晋室为表彰其功，辟地设义兴郡，这也是"宜兴"名称的由来（后为避宋太宗赵光义讳，改为宜兴）。宜兴的城市名，代表着一种精神，一段光辉的历史。

自新少年　精神永续

一千七百多年前，离墨山北面，一个名叫蒲墅的小村落里，"阳羡第一人物"周处在此诞生。

周处出生于官宦家庭，父亲周鲂是"断发赚曹休"的东吴名将。年少时，周处颇有些纨绔之气，成了乡人眼中的"问题少年"，将他与山中虎、水中蛟并称"三害"。

桀骜少年本质并不坏，也是个能接受"群众意见"的人。幡然醒悟后，便入山射虎，下水斩蛟，并改过自新，日夜苦读，学问大为精进。据史料记载，周处著有《默语》《吴书》，可惜都已散佚。他所著的《阳羡风土记》，是我国最早介绍地方岁时节令和风土习俗的著作之一。

经州府举荐，周处初任吴东观左丞，协助东观令校书修史。吴末帝孙皓时期，为无难督，成了负责皇帝安全的近卫军。两个官职一文一武，可见周处是全才。

西晋灭吴，周处入仕新朝，那在当时是很平常的一件事。一次宴会上，晋大将军王浑奚落一众吴国官员："诸君亡国之余，得无戚乎？"周处回怼："汉末分崩，三国鼎立，魏灭于前，吴亡于后，亡国之戚，岂惟一人！"王浑听后哂哂不能语。

周处的耿直性情、不卑不亢可见一斑。

周处在晋朝先后任新平太守、广汉太守、楚内史等职。其间，他善治善为，解决了许多陈年积案，百姓赞其为"善政"，后官至御史中丞。他不畏权贵，先后弹劾了征房将军石崇、安西将军夏侯骏，更在一月之内三次奏劾梁王司马肜。

公元297年，氐人齐万年造反。不怀好意的司马肜和夏侯骏鼓动朝臣举荐

周处带兵出征。有人劝周处以侍奉母亲为由，拒绝出征。但周处决绝地说："忠孝之道，安得两全！既辞亲事君，父母复安得而子乎？今日是我死所也。"彼时的周处，已经抱了必死之心。

在雍州六陌战场，遮天蔽日的黄沙中，周处率五千疲惫之兵，迎战七万敌军。从清晨到日暮，弓断箭尽、兵刃皆坏，依旧没等来援军。曾经意气风发的少年，最终力战而亡，为国捐躯。

将军白骨百姓苦。从此北方门户大开，一群嗜血恶狼进入中原。江北巨族只能避祸江南。

周处死后，朝廷追赠他为平西将军、清流亭侯，谥曰"孝"。

历朝历代，周处备受百姓尊崇，他的故事一次次被改编为小说、戏剧，长盛不衰。

他的精神，被后世子孙凝练成"孝悌、忠信、礼义、廉耻、勤俭、谦和、公平、正直"十六字的祖训，始终指引着宜兴周氏子孙忠孝传家、清白立世。

南宋周葵，曾与其先祖周处一样任监察之职，不愿与秦桧同流合污，勇于揭露腐朽。晚清重臣周家楣，曾任顺天府尹兼总理各国事务衙门大臣，处理外交事务不卑不亢、力持国体。还有现当代的周培源、周有光、周镜……

自新少年，没有淹没在历史的长河中被人遗忘。周处的精神始终根植于宜兴人血脉之中。他担得起"阳羡第一人物"的美誉。

（周波）

TIPS

1. 宜城街道东庙巷周王庙南，俗称"周墓墩"，是周处的剑甲冢。周王庙始建于晋元康九年，大殿和东西两侧碑廊有大量唐至清代碑刻，其中以立于唐元和六年，陆机撰文、王羲之书《平西将军周府君碑》最为珍贵。周王庙及碑刻为全国重点文保单位。

2. 新街街道归径蒲墅村东，俗称"周袍墩"，是周处的袍笏冢。相传，此墓为周处母亲谷氏令周处幼子周硕修建，分葬周处袍、笏于血地。

3. 芳桥街道阳山荡东，建有以周处忠孝文化为核心的忠孝文化园，内有孝侯殿、忠烈殿、五忠阁等。

秋夜月·蛟桥望月

一轮圆月，映三氿，
长桥月里走。
岸上秋风，吹蒲柳，
零落一地愁。
桂花不语香点点，
只道是中秋。
桥在水中，
水在月中，
知悉否？

一别故土，数十载，
思念满心头。
当年明月，照桥头，
忆的是周孝侯。
而今鬓已星星也，
壮志虽未酬。
燕子归巢，
游子思归，
如故否？

（俞臣）

96

TIPS

1. 苏东坡为蛟桥题"晋周孝侯斩蛟之桥"，刻字于石，立于桥的左侧。后来，题词碑石沉河后，东坡先生又为此桥重新题"晋征西将军周孝公斩蛟之桥"。

2. 蛟桥又名长桥，原址位于宜兴古城中心，为东汉年间袁玘任阳羡长时建造，现复建于宜城街道蛟桥河与团氿交接处。原桥绵长，故称长桥，后因周处少时斩蛟于此，又称蛟桥。现蛟桥为单孔拱桥，南北向。桥长65米，有台阶57级，桥面中间有一幅直径1.7米的云龙雕刻图案。桥北堍西侧有碑亭1座，亭内置桥碑1块，上有篆刻的《重建蛟桥碑记》。2012年9月，大型石雕《周处斩蛟》从宜城街道东山十字路环岛移至蛟桥碑亭西侧。2023年，蛟桥被评为省级地名文化遗产。

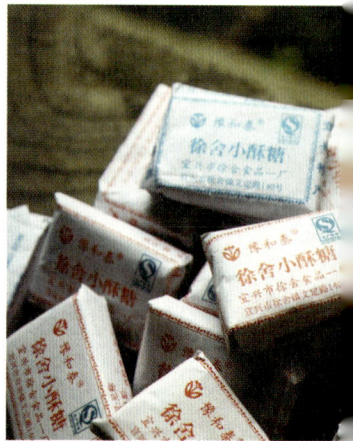

这块酥，方寸之间见江南

苏欣：老祖母说，中秋了，家里要办个赏月宴，备上徐舍豫和泰的小酥糖、杨巷老街的葱油饼、归径王氏的五仁月饼……哦哟，有腔调！

传承近两百年的老字号"豫和泰"，承载着宜兴人的回忆与骄傲。

历经岁月，它始终焕发勃勃生机。

代表作——小酥糖，包裹江南味道，蕴藏江南智慧，传扬江南禀性。

太湖溇区夜潮地生长的糯米、中部圩区沃野哺育的小麦、宜南山区沙质土壤拔节的芝麻；

在物质匮乏的年代，江南人巧用水乡的质朴食材，匠心揉制。

晶莹剔透的麦芽糖是"骨"，绵软细腻的芝麻粉是"肉"，薄如蝉翼的糯米纸是"衣"；

从小的耳濡目染到用心传承。

三十而立的掌门人周航，每一道工序都秉承匠心。

他说，因为小酥糖方寸之间浓缩着江南。

早在清朝同治年间，它就作为江南特色名点代表，进贡皇室。

细腻、甜糯的口感也如温柔婉转的吴侬软语一样让人着迷。

反复揉捻展开的糖骨，化刚猛为内敛与坚韧，是真正的江南禀性。

千军万马避白袍的陈庆之，与东坡交好的单氏兄弟，坚守家业替夫申冤的李娃，身带重孝战死沙场的卢象升，倾尽心力开发善卷洞的储南强……

温婉如水的江南，从不缺少坚若磐石的力量，更多的是执着，甚至烈火肝胆。

春去秋来，时间如白驹过隙。

好的美食往往需要时间的沉淀，传统文化的价值也正被越来越多的人所关注。

(赵辉　周波)

TIPS

据传，清同治六年，宜兴徐舍豫和泰南货店生产的小酥糖，名气传到了皇宫，载淳皇帝曾派专吏太监到宜兴采办徐舍小酥糖，列为"贡点"，从此徐舍小酥糖蜚声全国，生意日盛。新中国成立前，上海永安公司等商号曾设立专柜销售。

叫人惦记的葱油饼

一条北溪河贯穿东西，四通八达的水路，让杨巷自古以来就是活水码头、商贸重地。

彼时，杨巷的河面尚被晨雾笼罩，沿河数里已开始沸腾，捣衣声、船夫吆喝声、商贩叫卖声不绝于耳。被饼香唤醒的人们，要上两块刚出炉的葱油饼，就着茶水或稀饭，一阵哧溜声后，心满意足地拍拍肚子。

杨巷葱油饼起初就是做给船上人吃的，粮贩和船工们在码头卸货装货，忙起来常常饭也顾不上吃，就买几只葱油饼充饥，既方便，还经济实惠。

可那香味，早就香进北溪河边孩子们的梦里。于是，每每路过糕饼坊，便会"肚子疼"、走不动。小小的脑袋探进院子，只见竹匾里晾着的是向阳小坡上长足两个月的香葱，大铁锅里熬着香喷喷的猪板油，深深吸上一口，葱香、油香混杂着刚出炉的饼香……嗯，好香，想吃。

再后来，便成为北溪河畔人们最为惦念的味道。出门远行的游子，行囊里总少不了一包杨巷葱油饼，看着油花渗出包装纸，仿佛是家人的牵挂在不断溢出。

随着水路运输优势的日渐衰退，北溪河畔喧嚣亦渐消散，河水依旧静静流淌，滋养着岸边的土地，承载着一种名曰"乡愁"的深刻记忆。

醇绵的香味从老巷中沁出，滑入潺潺的流水，潜留在远航人的梦里，指点着归家的方向。

（周波）

TIPS

20世纪30年代，杨巷老街有永和昌、顺昌祥、瑞昌、稻香村等4家规模较大的糕坊。1956年，顺昌祥等糕饼店与杨巷供销社实现公私合营，成立杨巷供销社糕坊，并对葱油饼的工艺进行改良，形成了香、酥、咸、甜、鲜的口感，受到大家欢迎。

但愿人长久

中秋节前的归径比平时热闹不少。

凌晨三点，月饼作坊开门了。

作坊内间，大师傅们忙着拌馅、制皮，街坊"熟练工"帮着装馅、收口、上炉。

作坊外间，已有十里八乡踏着星月赶来的人们。

早来的，都是常客，等的就是第一炉月饼。

嫁到溧阳的李阿婆90岁了，又让女儿来买月饼，她中秋、端午一定要吃上。

村上的刘阿公要去上海过中秋，按惯例捎几块月饼去。

隔壁五洞村黄老伯有亲戚在国外，大家盼着中秋节吃上家乡的月饼……

天刚蒙蒙亮，熟悉的香味传来。大家欣喜地朝内间望去，一个个忙碌的身影在眼前晃过，让人有些恍惚——回到了旧时光？

民国时期，归径老街上就有糕饼店，其中最受欢迎的就是苏式五仁月饼。

月饼出炉，香味蔓延整条老街，许多人闻着这个味儿长大。

王氏月饼第二代传人王浩斌做了四十多年月饼，他的父亲王德芳是糕饼店里的大师傅。

他曾与那些老街上的孩子们一样馋月饼。孩子们趴在门外，透过门板缝往里瞧。那是新鲜油亮的老月饼哟，松仁、核桃仁、瓜子仁等几十种材料混合，光看着，咽下的口水都是甜的。这时，大人过来往后脑勺上就是一下："馋鬼们，回家去！"

幸运的话，大人晚上会带月饼回来。一块月饼切几份。大家拈起一块，托在手心，一口下去，满嘴酥脆香甜。于是，孩子们记住了这个味道，记住了一个屋檐下，溢出的浓酽亲情。

每年中秋，这一块块老月饼会带着故乡的浓浓温情，扑向远方的游子。

饼寄相思，讲的是月长圆，人长久。

（徐娜姿　周波）

TIPS

归径月饼为苏式月饼的典型代表，为全手工制作。目前，新街街道归径社区有13家规模月饼生产作坊，每年有100多万块月饼销往国内外。其中王氏月饼最为有名，其制作技艺已列入宜兴市非物质文化遗产。

秋

饼

103

苏欣：咱们宜兴人有个可爱的"德行"，到哪都要说自己来自中国陶都。这陶都多大年纪？老祖宗，何时会捏陶的？这都得感谢2002年中国考古六大发现之一——骆驼墩遗址的发掘。它告诉世界，陶都足有七千多年历史。走，去新街陆平这个底蕴深厚的村庄，感受陶人老祖宗的气息。

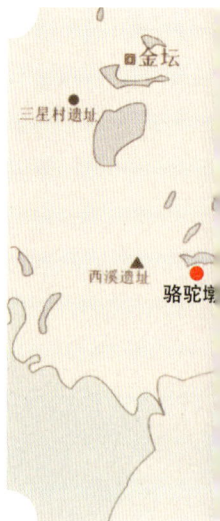

陶都多大年纪了

七千多年前，古中江穿过阳羡大地，直抵南山。先民们栖居在这片依山傍水的好地方。

他们狩猎打鱼，种植稻谷，架起陶釜，燃火煮食。

先民的食物，或许比我们想象的丰富，除了稻米，还有鱼、肉、野菜、果子、菱角……

在圆形土屋里围着分享"美食"，是新石器时期人类最奢侈的生活。

从生食向熟食转化，是人类发展史上的重要里程碑，炊煮之器至关重要。

骆驼墩先民自己制陶，做成烹饪工具，那就是釜。

它的底是平的，腰间有一圈"檐"，檐上有四只耳朵，考古界称为平底腰檐釜。

平底方便放置，腰檐可防止液体溢出后浇灭火，装上耳朵则方便搬动。

先民所采之土，是地表红假土之类易熔性黏土。他们定是反复尝试，知晓陶土要作处理，淘除杂质或掺入适量的沙粒，经调炼后，利于捏制烧造。

骆驼墩出土的大量陶器中，除了腰檐釜，还有细泥红衣陶钵、夹砂红陶鼎、牛鼻式耳冠、陶豆等。这是人类童年时期的陶器呀。看着简朴，不晓得先民们经历了怎样的摸索。它们证明，宜兴地区陶器制作，最早可上溯到七千多年前的新石器时期。

（徐娜姿）

TIPS

骆驼墩遗址，位于环科园（新街街道陆平村），是全国重点文物保护单位。它证明了长江流域是中华民族文明的起源地之一。因区别于太湖和周边的其他新石器文化，考古界称之为"骆驼墩文化"。

全国重点文物保护单位

骆驼墩遗址

（新石器时代）

中华人民共和国国务院
二〇〇六年五月二十五日公布
江苏省人民政府立

宋末的那场『陶业革命』催生了茶器NO.1

　　早在七千多年前的新石器时期，宜兴先民便已开始制陶，从新石器中期的夹砂红陶、晚期的黑衣陶、商周的原始青瓷、春秋的印纹陶、秦汉的釉陶、晋唐的青瓷、宋元至明清的均陶和紫砂陶，到当代的"五朵金花"，宜兴的制陶历史从未间断。与此同时，不断辈出的匠师，也在持续为宜兴制陶史增光添彩。凭借重要的历史、文化和艺术价值，均陶和紫砂陶均已入选国家级非物质文化遗产代表性项目。作为宜兴的城市名片，紫砂陶制作技艺申报世界非遗进程正加速推进。

陶与瓷有着相似的基因，是火与土交融的艺术。中国陶瓷承载着华夏优秀传统文化，它们携手以神奇的风采、独特的技法、浓郁的民族韵味享誉世界。

唐宋时期，经济繁荣昌盛，士大夫阶层崇尚雅致、清闲的生活，其审美思想与价值追求，让古代文明攀上了一个新的高峰，成就了"东方文艺复兴"。

在那个时代，胎质细腻、图案清秀的瓷器备受皇室和士大夫的推崇，一度光芒耀眼、风华无限。陶器拙朴至素，透发着淳厚的气息，是普通百姓生活真谛的展现。

始于商周、盛于两晋的宜兴青瓷也曾名满天下。然而，优质高岭土的匮乏，掣肘着产业的发展。与唐宋崛起"江湖"的"汝、官、哥、钧、定"五大新秀相比，稍逊一筹。

智慧的宜兴先人矢志发掘陶土潜质，钻坚研微制作工艺，在宋末审慎孕育了一场陶瓷产业的革命：弃瓷而兴陶。

历经几代陶人的毕智穷工，产生了"原料独特、工艺独绝"的两个新陶种："均陶"和"紫砂陶"。经过数百年的发展传承，这两种陶器越发显出其顽强的生命力和广泛的影响力。

陶器在人类文明中出现的年代很早，瓷器后来居上，在世界范围内更为流行。为何宜兴反其道行之，长久保存了陶的兴盛？

对此，中国陶瓷工业协会副理事长、曾长期担任市陶瓷行业协会会长的史俊棠有过这样的思考：是中国的茶文化挽救了陶器的衰微，并找到了新的定位。

在饮茶历史上，从唐的煮茶、宋的点茶，到明以来的沏茶，弃用团饼，而改散茶，饮茶方式深刻影响了器具。

材质的适茶性、造型艺术的优美以及文人精神的注入，紫砂不仅从茶具中脱颖而出，还成就了士大夫的文玩雅趣，逐渐跃升为世间茶具之首。

发展到21世纪的今天，人们开始重新审视陶器的历史地位。

"均陶"和"紫砂陶"，作为国家级非物质文化遗产，成为中国陶器工艺中的两颗明珠。尤其是宜兴紫砂陶，独步于世界陶艺之林，奠定了宜兴"陶都"之美誉。

有一种期盼叫相知。

在世界非物质文化遗产的舞台上，龙泉青瓷在殷切等待着紫砂，它说：君未至，孤何安！

（赵辉）

茾欣：闲时，我爱观山水，宜兴的山，或清秀，或巍然，气质各异，但黄龙山是特殊的。我爱它，更在于与陶都血脉相连，就像母亲那样。

一丸土的生命来处

闭门即是深山。

1874年夏秋之交，一位叫奥兰田的日本收藏家，在其注春居闭门养病。他不寂寞，日日相伴的紫砂茗壶，是他精神的深山。

日本上流社会对紫砂壶痴狂成习，一把壶能价值千金，当时还风行一种叫九轮珠的紫砂壶，有些人觉得没了它，就没法品茶了。

"人间珠玉安足取，岂如阳羡溪头一丸土。"一点都不夸张。

奥兰田觉得，世俗者看紫砂壶，皆有误。

一把好壶，就是一位有性情的先生，一辈子的友人。做好朋友，就要做他解语花。他为自己和朋友收藏的32把壶（主要是紫砂壶）——注春三十二先生，取名、画像、写传。

"铁石丈夫"，黯肝色，击之有金石声，壶体坚如铁，介如石。

"绣衣御史"，如绣黄花落叶之泥色，壶体如柱础，气势不凡。

"萧山市隐"，紫泥，有梨皮肌理，雅丽温厚，大有隐者风度。

……

他感叹，每把壶泥色都不相同，就像神秘的天象一样，无法用言语传达其瑰丽。

两年后的冬天，他的《茗壶图录》终于写完。

"注春先生"瞅着这部中文写就的书，如笑如愁：只可惜你还不甚了解，我等生命的来处啊。

紫砂的生命母体，来自一座约高60米的山，丁蜀黄龙山。

最初，它只是坚硬如铁的顽石，躲在黄石岩层下部的甲泥矿层中，有的挤在其他泥层之间，说它是"岩中岩，泥中泥"，很形象。

采泥人，有见泥追泥的本事。

紫砂矿体泥层最薄处仅有数厘米，有时会突然中断消失。采矿坑道黑暗狭窄，坡度又大，空气稀薄，还有塌方之险。旧时采泥，攻岩采骨，全凭一豆油

108

灯，一把大锄，如同搏命。

练泥又是一套繁复、辛苦的工艺，是人与陶土、时间、阳光、风雨共同的成全。

等到它走进陶人的院子，还有绵长宁静的伏土之程，长的会是几十年。急不得。

终于，它有资格上泥凳了。

在不疾不徐、轻重得宜的拍打中，它真正醒来，欢喜微笑，开始跃跃欲试……

泥有生命，哪怕是一粒泥屑，做壶人都要派用场的。

当技艺如天籁赋予壶上，这一丸土，开始了神性与人性的双重之舞……

（徐沐明　李震）

TIPS

1. 位于丁蜀镇的黄龙山矿区，紫砂陶土资源丰富，是宜兴紫砂矿料主要产地、紫砂文化发源地。

2. 黄龙山紫砂泥矿井遗址的大水潭、五号井、台西井等被列入江苏省文物保护单位。

3. 目前正在建设黄龙山地质公园，旨在结合区域内矿洞、矿轨、山体、岩石等元素，全面展示原生地质地貌、人文矿井遗址，充分留住陶都记忆，打造陶文化新地标。

苏欣：闲时约好友围炉煮茶，备上香茗一两，茶点二三，万事俱备，只欠一把好壶。在宜兴，紫砂壶肯定不缺，选什么壶？当然是东坡提梁壶，大肚能容，脊梁不屈，松风竹炉，提壶相呼，岂不快哉！

壶寓风骨作提苏

宦海几度沉浮，锤炼了苏东坡旷达洒脱的个性风格和人生态度。

"人生如逆旅，我亦是行人。"

渔隐阳羡，寄情江南山水的外衣下，包裹着的是苏东坡的无奈和彷徨。

苏东坡的一生，漂泊之间带着无限的感伤。他是一个忠于朝廷、心系苍生的官员，渴望建功立业，可始终囿于怀才不遇、抱负未竟。

宜兴的风光感染了苏东坡，美丽的田园风光与安逸和顺，同他不测的仕途波折、官场倾轧，形成强烈反差。他对阳羡山水怀有眷恋之情，尤其是独山峰峦如黛、清溪萦绕，引起思乡愁绪，使他发出"此山似蜀"的感慨。

宜兴人热爱苏东坡，对于东坡提梁壶的改良创作，传颂着美好的传说。唐宋时期，从政之余品饮斗茶是士大夫阶层风雅生活的一部分。

苏东坡言茶有君子之德，在所作茶诗《寄周安孺茶》中，以茶自比，刚正廉洁：无论别人如何排挤、打压，始终都坚守自己做人、做事的原则，并不因遭受打压、排挤而懊恼。他认为饮茶须具备三绝——茶好、水好、壶好，而宜兴有唐贡茶、金沙泉、紫砂壶，有了它们，苏东坡闲居在蜀山脚下，每日饮茶、吟诗。逍遥自在的背后，是隐忍疗伤、韬光养晦、厚积薄发。

樱桃小嘴倒耳把，盈盈一握众生醉，是世人对秀美西施壶的赞誉。看着被摩挲把玩、拿捏于人股掌之间、红润娇艳的西施壶，旷达洒脱的苏东坡是不屑的。他隐隐感觉，这宛如青年时期的自己，金榜题名、名震京师、光芒璀璨，一度迷失于此般众星捧月的感觉。

他要做一把大壶。多大？壶肚要能容天下难容之事；要有梁，重塑文人凛然正气，风骨不屈的脊梁；要遒劲，融松柏坚忍不拔、不改其志、不屈不挠大雅君子之志。经过几个月的细作精修，茶壶做成了，对于始创提梁式样，苏东坡非常满意，便起名叫"提梁壶"，他也为此留下了"松风竹炉，提壶相呼"的诗句。

110

东坡提梁承载着古朴、力量之美，其壶钮、壶流、提梁把均以大自然的松枝形状为造型，不仅制作精妙，而且将自然景物与壶器造型相结合，流传至今，历久弥新。

（赵辉）

TIPS

1. 蜀山，原名"独山"，因苏东坡"此山似蜀"之言，更名"蜀山"。

2. 紫砂发展的历史长河中，用著名人物命名的壶型较少，东坡提梁就是其一。东坡提梁壶，简称"提苏"，传说为苏东坡亲自设计并邀请匠人制作。这款壶采用了三叉提梁的设计，具备实用性，同时也展现出一种粗犷而雅致的野炊风格。

紫砂有个超洋气的英文名『YIXING』

当前，宜兴开启国际化建设新征程。

作为最早的形象大使，紫砂把外交名片又擦得锃亮。

它说，在18世纪，自己就已是欧洲宠儿。

那时，欧洲兴起一股持续近百年的"中国热"。

一切"中国品位"的东西都让金发碧眼的西洋人着迷。

把玩着"红得发紫"的神秘炽器，他们啧啧称奇：YIXING, GOOD!

伴随着YIXING在欧洲各国的风靡，

在一些文献中，"YIXING"成为出口欧洲红色陶器的统一名称。

翻开近300年的欧洲制陶史，处处体现着紫砂对西方匠人的启迪。

荷兰利用当地陶土，首先生产出类似"YIXING"的红陶茶壶；

德国炼金师受命仿制"YIXING"，并掌握了贴花、镂空等技巧。

在日本江户时代末期，紫砂同样让日本人顶礼膜拜。

刻着"惠孟臣"和"陈鸣远"款的紫砂在日本一壶难求。

当地陶瓷名工鲤江高须，苦苦摸索紫砂技艺，甚至犯了魔怔。

他有一个大胆的想法，把中国人请到日本教授壶艺。

光绪四年，金士恒受邀踏上了东渡的客船。

甫至日本，便出尽风头。

拍打成型的制壶手法让虔诚的徒弟们眼花缭乱。

鲤江方寿、伊奈长三、杉江寿门继承衣钵，成为大师级工匠。

金士恒传世作品不多，但名字牢牢镌刻在中日文化交流史上。

他被日本尊称为"陶业祖师"，至今供奉他的画像。

2006年10月，国际陶艺学会授予宜兴"世界制壶中心"的美称。

紫砂也唱响了宜兴深度融入"一带一路"协奏曲。

宜兴陶艺家与欧美、亚太地区陶艺家交流、互访日益频繁，

小小的紫砂壶承载着日月乾坤，承载着中国人的智慧，

将在中外文化交流史上书写更为靓丽的篇章。

（赵辉）

TIPS

　　自古以来，宜兴紫砂壶不仅是中国人的"心头好"，还受到了世界各地的青睐。从明代晚期到清代中期，伴随着中国茶文化在欧洲的逐渐兴起，紫砂壶走出国门、销往外域。紫砂以雕镂、泥绘、珐琅彩装饰，加之别具一格的造型艺术，充满了东方奇异的格调，博得了欧洲王室和贵族们的赞誉，他们都曾先后以紫砂壶作蓝本竞相仿制。日本更是精明地用"请进来"的办法，学到了宜兴紫砂"打身筒成型技术"，及在干燥壶坯上进行绘画、雕刻等装饰技艺，把日本制壶水平推上一个新高度。

芾欣：最爱东坡这句话，"几时归去，作个闲人。对一张琴，一壶酒，一溪云。"有酒自然好，有壶，有茶，便是好上加好。想有款式多多的壶，芾欣只能自己学着做的啦，谁让我是宜兴人呢。3把新壶做好了，送古龙窑烧去。我喜欢柴烧龙窑，那微妙迷人的窑变效果，好像开盲盒，有惊喜。

泥与火拥抱，唤醒陶的生命

过蜀山往南，远远望见前墅古龙窑，身姿蜿蜒，静默无言。高高翘起的龙尾冒着青烟，袅袅而上，消散在蓝天白云之间。

龙窑的脊背两侧，分布着42对椭圆形洞口，称作"鳞眼洞"，用以投柴燃烧，也令斜卧的巨龙，筋骨分明。

那封堵鳞眼的大馒头状泥块，就是鳞片了。鳞片大而厚实，这龙啊，真的神韵皆具了。

这一窑是一天前凌晨三点钟点的火，点火后，先用煤烧了整整一天一夜。今朝凌晨一点钟，打开鳞眼洞烧，又要连续烧十七八个小时，才能把42对鳞眼洞部烧好、封好。

龙窑脊背，滚烫。六位师傅汗如雨注，他们分立窑体两旁，向鳞眼洞投烧燃料，花白头发的值窑师傅坐在棚顶木架上，脚踏龙脊，观察烧火进度。

火苗喧腾，整个窑肚通红一片，红得发白，隐隐的陶坯也变得通红。陶坯烧红到什么程度才是最好的火候，通红颜色要维持多久恰到好处，全凭一双多年练就的火眼金睛。

烧窑师傅抓起一把把竹枝，狠劲往鳞眼洞里塞，快慢得宜，如同向火龙喂食，不容一丝杂念，他们在履行着近乎神圣的使命。

风从洞口往里吸，火呼呼起舞，竹枝噼叭呐喊，泥与火，彼此拥抱，龙窑用自己的生命，唤醒着陶的生命。

每一窑周期，这样的精彩要持续两天两夜。

古龙窑的开窑、出窑是陶工们最为高兴的事。

天刚蒙蒙亮，开窑的陶工汉子，站立于窑尾高处，大声喊起："开窑喽！"那粗犷洪亮的喊声，把开窑的喜庆传导给全窑场。前墅龙窑那一声喊的习俗，延续了六百多年……

（任宣平）

TIPS

前墅龙窑，位于丁蜀镇三洞桥村，创烧于明代，是国内年纪最大、仍以传统方法烧制的古龙窑，全长43.4米，是"全国重点文物保护单位"。丁蜀镇建有前墅龙窑展示馆。

114

芥欣：淡烟微雨，古南街。踏上老街青石板路，就像踏入了一条历史的河，它见证着陶乡的来处，抚慰着我们的归途。

古南街是把壶

"山似蜀，泥可琢。东坡云，此间乐。"顾景舟大师所题壶铭，便是南街神韵。

它一头枕着蜀山，一脚伸进蠡河，肩膀倚着东坡书院。

坡仙逸气，像蠡河水，静静滋润着这里。

旧时南街，陶器商号鳞次栉比，多是手艺作坊和住家合一的明清民居。这里是宜兴陶瓷的主要集散商埠。沿着窄窄青石板路，穿过横巷，无以计数的陶器从蠡河启程，入太湖、达四海……

它在窑场"当当当"的划货声里醒来，又拥着龙窑的火光入夜……

"户户捶泥，满街拍子响。"这里的孩子早早开始抟泥盘壶，帮衬活计，一条街上，家家户户，皆有绝活，从小看到大，眼力在那了。

打街上走过挑笒篮担的、卖油盐酱醋的叔伯大爷，他多半还是个做壶、做花盆花瓶、刻陶器、烧龙窑、做大缸的高手。

洋桶壶里，浓浓的红茶，沏上了，艺人间的切磋伴着家常闲话，开始了……

这是民间地气，紫砂的来处。

四面八方的神仙人物都来到这里。南街，从乡村视野，跳出来了。是紫砂，是绵延千年的蠡河水，以及江南的文化史、生活史、工艺史，让南街这把壶有了神韵。厚朴，温润，秀逸。

明朝，时大彬，紫砂史上开创里程碑的大师，在蜀山开创了"三友居"。

清嘉庆年间，南街有杨氏街之称。制壶名手杨彭年、宝年、凤年兄妹居于此。奉于紫砂神龛的曼生壶，其制作者就是彭年。

名匠黄玉麟学艺蜀山，终老于此。

影响了现当代紫砂史的"七老艺人"，在这里留下了深深的艺术屐痕。

……

南街，见识的人物、世面太多了。

艺人的掌温，时代的年轮，一一交叠。紫砂的沉浮，南街也看多了。艺人的那张泥凳，总是淡然不惊的。南街自有一壶静气。

自然，它也像很多老街那样，被遗忘过。这不要紧。终究，没有人会拒绝一

把壶的抚慰。

　　"啪啪啪……"打泥片声，又在老街响起。

　　新的业态和更多元的艺术空间在这里出现。

　　沧桑与繁华，厚重与鲜活，在这里交织。

　　来古南街吧，这里有一壶茶香。

（李震）

TIPS

　　1. 历史文化街区蜀山古南街，有"紫砂源泉""大师摇篮"之称。新千年以来，它在保护性开发和特色性建设中，光彩焕发。

　　2. 街区背后的蜀山窑群现为全国重点文物保护单位。西侧的蠡河有"水上陶路"之称，相传为春秋时范蠡疏凿。

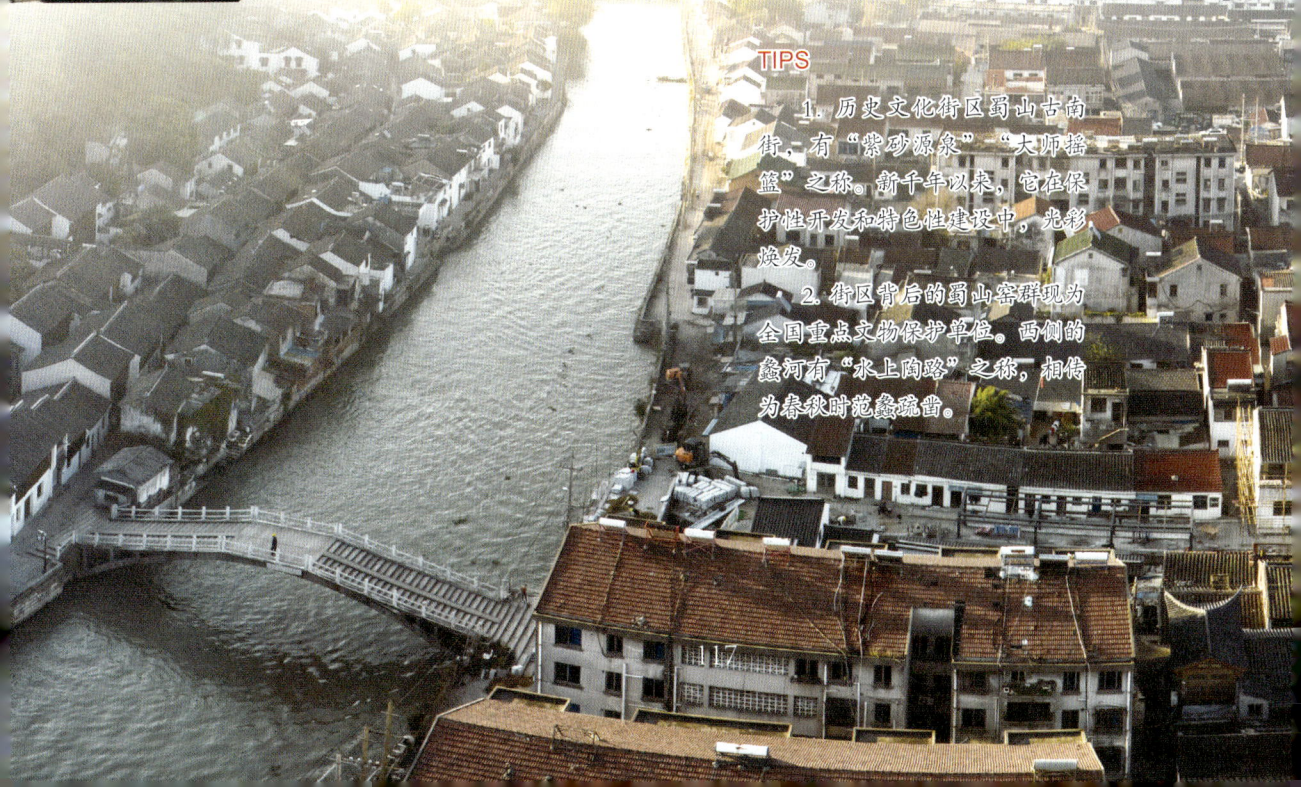

芮欣：如果说紫砂是出尘的雅器，均陶便堪称入世的艺术。花园的陶凳、明堂的水缸、路边的灯柱……你几乎可以在每一位宜兴人的记忆里找到它的踪迹，它可以璀璨夺目，也可以隐入烟尘，它一直在等，等待着人们的每一次相遇和回眸。

等均来

宜兴人招待外地朋友，常爱带去陶都路转转。

山水绿廊，陶脉蜿蜒。但最先引起"哦哟"一声的，往往是立于两侧的路灯。每根底座都有一人多高的陶瓷装饰、蟠龙堆花、油黄釉水，齐簇簇两溜一路向南。

做东道主的，仿佛就在等着这声惊叹："这就是均陶哦，宜均！"

"宜兴三绝"中，紫砂、均釉、堆花，均陶占其二，足见它积淀深厚，工艺奇巧。

经过高温窑变的釉水为瓷胎镀上层次丰富的色彩，便是均釉。月白如脂似玉，灰蓝朦胧静雅，还有一色"泥浆釉"，醇厚沧桑，很有时光质感。

再说堆花。陶瓷坯体作纸，拇指作笔，用五色土为墨，只凭拓、搓、行、捻、揿、琢、撕，山水花鸟、人物走兽跃然而出。

堆花技艺始于宋，成熟于明，"拇指堆花"的形成则至清后。

以中国工艺美术大师李守才为代表的当代均陶艺人们，将这大拇指上的魔术发扬光大，在"平贴法"的传统基础上，发展出"半浮雕堆贴法""立体浮雕堆贴法"等新手法。

更复杂的技法，也对制作者提出了更高的要求。

多层堆叠之后，定位布局的问题往往只能等整体全部完成后才能被发现。

差错一旦出现在里层就无法修改，只能着手另制，在全新坯体上从头开始，再次开启创作轮回。

这样说来，均陶可算一门等待的艺术。

无论是流动的新釉，还是拇指下的颜色，都脱不开一个"等"。

等火焰升腾熄灭，等五色自成丘壑，等泥坯脱胎巧思成型……

宜兴陶瓷有金花五朵，紫砂名声在外热度不减，宜均却沉寂过一段时间。至今，李守才大师还会提起均陶"难"的那几年，但他的语气是很骄傲的。

　　他说，那么长的时间里，自己门下的徒弟硬是没有一个改行，难得啊。

　　他们终和自己手中的陶器一样，守得住，等得起。

　　如今，宜均热度早已回归，宜兴均陶制作技艺也被列入第四批国家级非物质文化遗产代表性项目。它既漂洋过海，现身各大展览，又走进寻常人家，成为一坛镇宅陶缸。

　　等你走过去，定会"哦哟"一声认出它。

　　"这是均陶呀，宜均！"

（赵辰瑄）

苏欣：日用陶，有朴拙美，日日相伴，可涤尘心。做泡菜，要只坛子。插花，要几个粗陶花器。做汽锅鸡、焐鸡，要大小陶锅。乡下小院子，以陶瓷做隔断，碎陶片拼成小径。到了冬天，腌咸菜、磕猪头糕，要陶缸……苏欣不得不开张清单了。在陶都就是好啊，陶器自由。感恩陶人，创造如画陶天地。

卧虎藏龙　缸山如画

宜兴窑场，卧虎藏龙，多高手，有绝活，成就了宜兴日用陶千百年的"缸山如画"。这些手艺绝活，代表着一种淡然无畏、精细果绝的陶工精神。

顶坯

这是溪货、黄货业的看家功夫。做坯佬晾坯、收坯要顶坯，套坯佬也要顶坯，顶着一摆盘陶坯飞身上坡，进到龙窑的户口，到做坯工场收来半成品坯件，也用头顶。有功夫的陶工，可以弯着腰直接把坯件送进龙窑，不用手扶。

做口沿

宜兴陶缸端庄质朴、气韵俊朗，口沿便是它一双生动的眼睛。做陶缸口沿的方法，他们称为"卡沿"，就是用双手生生地"卡"出口沿。

一条长长的，比搪瓷茶杯都要粗的泥条，搭在右手臂和肩上，就像扛着一条巨蟒。"卡"沿的时候，右手在外，食指向里勾，左手在缸口里侧，用虎口一点一点地"卡"出里口的沿来。做缸沿时，将七八层布叠成"磨布"，带着泥水，握在手里，一边卡，一边磨……徒手"卡"出来的大缸口沿，整齐、光洁。

大缸装窑

龙窑狭窄的空间里，凭着人力翻身、对合，装窑到位，每一次翻转，惊心动魄，是力与美的表演。

大缸成对放在龙窑里，上下各一只，口对着口，称为——"球"，里面装上体型较小的陶坯做"套里"。

装窑的精彩，在于每对"球"上的那只板缸。这合过来的活，一般要六到七个壮汉来做，最里面一个，负责一把接住翻过去的缸坯边，整个放好后，再从大缸的间隙里钻出来；侧面四个，两人拉绳，两人抓口；还有两人负责托底。默念一声"起"，几人合力，大缸陶坯翻了个，并轻轻合上。

TIPS

宜兴日用陶分六大类，粗货、黑货、溪货、黄货、砂货、紫砂器。

120

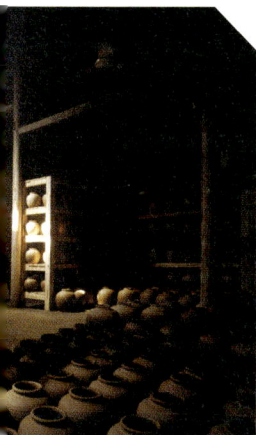

窑中手术

黑货的陶坯，在窑里是一垛一垛垂直叠加的，每列四垛，顶上压个鸭食盆，每一垛坯有一人多高，一百多斤重，垛与垛之间留有空隙，一旦哪处松动，极易倾斜倒塌。

把龙窑里倾斜的坯垛拨正，要用"火打"——两根三米来长的铁棍，有板车轴那样粗细。先是将一根"火打"从鳞眼洞里"打"下去，插到倾斜坯垛的底，跨上一条腿将"火打"露出鳞眼洞的一端死劲地别住，迅速伸手将放在龙窑背上的另一根"火打"横着穿进鳞眼洞，从倾斜的垛空间销过去，将坯垛校正别牢，稳定住一整排的坯垛使其不连续倾斜；然后腾出手来，用插在底部的那根"火打"，将底部脚石一点一点地往里拨，直到将坯垛重新拨正刹牢固。两根被烈火烧红了的"火打"，方可试探着慢慢抽出来。整个过程，如同在龙窑心脏上进行一场外科手术。

（任宣平）

亲近陶，焕新城

苏欣：在陶二厂淘到了不少宝贝，一只小杯子，小小一只，猫咪形状，可爱；一面小镜子，木头和陶瓷混搭，松树的造型，精巧；还有粗陶质感的戒指，蓝宝石一样的珐琅银器……真是个宝藏市集！

要说宜兴这座城最鲜明、最个性的，那必然是"陶"。

街巷阡陌，以陶为媒，抟泥做砂，纹理交织，这是丁蜀镇最真实的写照。

城市更新，她守住了历史。

从紫砂工艺二厂到陶二厂，这是一次老旧建筑的翻新，更是历史与现代的结合、传统与新潮的碰撞。

陶二厂，听着就很活力。

小越，从景德镇来，这是她第三次来陶二厂参加陶集。

她喜欢猫，无论是陶泥还是瓷器，她总能用双手把这种线条、肌理、气质表达出来。

对她来说，陶集是一个社交场域、一个舒压空间，更是一种"新烟火主义"的人生。

她喜欢热闹，说，这里的陶瓷艺术是美学，更是生活。

茶人制器，道在器中。

来自浙江的手作人阿威酷爱创新，更喜陶集上灵感的碰撞。

他将丁蜀的陶泥原料与景德工艺结合，创新成一把自己想要的壶。

他说，茶人手中的壶，就像侠客手中的剑一样重要。

越来越多年轻人的到来，给这里注入新的血液。

陶集，似落地的小生命，可爱且蕴藏无限可能。

这是新生命的神奇力量。

（戴瀛滢）

TIPS

位于丁蜀镇的陶二厂项目，在宜兴紫砂工艺二厂旧址上改建而成，以创意紫砂陶和国际当代陶艺为主要特色，致力于打造充满活力和创新的陶文化客厅。该项目总投资6.43亿元，总建筑面积达61166平方米。

目前，陶二厂正打造以陶为核心的创意市集，成为宜兴文旅流量新热点。未来将建设成为集文创核心区、高品质生活体验区、现代陶艺与科技融合区等多种功能与体验为一体的一站式创意园区，并与区域内蜀山及古南街旅游风景区、古遗迹文化前墅龙窑协同互补，形成"文化+旅游+商业"集群，加快助推城市文化旅游产业的升级。

芥欣：这是怎样一段缘分呵！它曾为这座城倾尽所有，如今也因这座城重获新生。在青龙山生态公园，我见证了一座山的涅槃。

一座山的涅槃

丁蜀，青龙山生态公园。

我没有见过青龙山曾经的模样。如今，所见是一处生机勃勃的乐园。

沿着弯曲的观景道往深处去，远方满眼青黛，嶙峋嵯峨的山体上，复绿后的草木郁郁葱葱；迷人的灰与红，是多功能馆的清水混凝土、暗红色陶板，喻示了当地蕴藏的两种矿藏——石灰石和陶土；如虹小桥身侧，湖水深碧沉静，得益于矿坑积水长期对矿石的溶解作用，美貌堪比九寨沟……青龙山的一处一景，叙述着丁蜀的特色与历史，吸引并连接着城市新的活力。

老吴在青龙山脚下住了大半辈子。闲暇时，最爱拄杖漫步公园。对于青龙山的过去，老吴再清楚不过。"原来白宕路没修时，这是一对连体姊妹山，黄龙

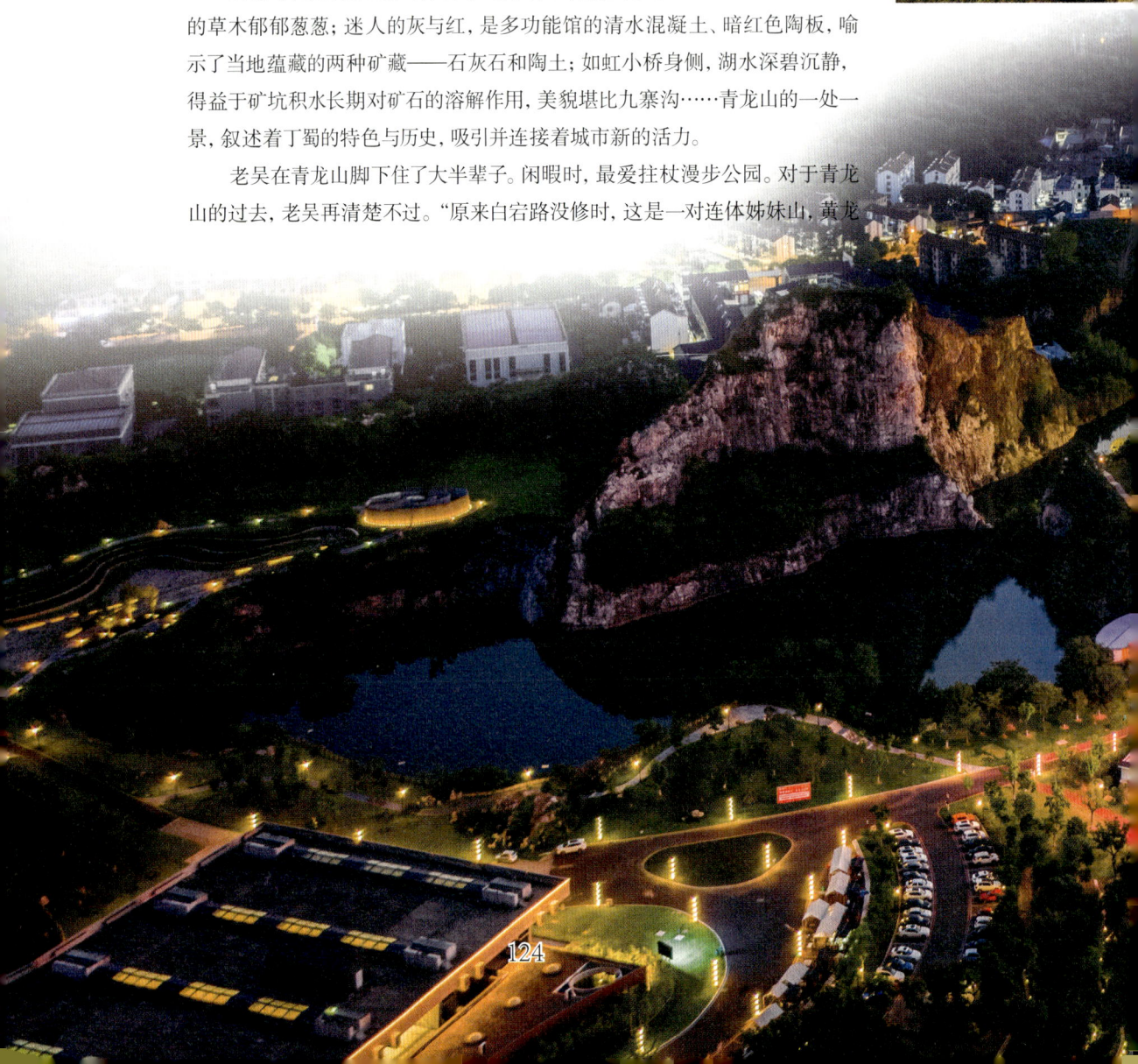

山古韵葱茏，青龙山碧青俊俏……"

青龙山生态公园原是宜兴水泥厂等企业矿区，出产的优质青石料碳酸钙高达90%以上，铸就了曾经的辉煌——当年，最高每年可生产水泥数十万吨；1982年，注册商标为"青龙牌"的425号水泥，获当时国家建材部优质产品、江苏省优质产品等称号，富了一方百姓。后来，时代车轮滚滚向前，青龙也渐渐消去身形，留下残山剩水深坑。

青龙山生态公园开建后，伴随着工匠们的巧思妙想，残山剩水深坑被雕琢成独特动人的城市客厅——运输矿石的通道被绿色覆盖，成为游客们的小径，陶瓷元素点缀其中；游龙涧、玻璃栈道、观瀑亭，前来打卡的人们言笑晏晏；阳光与树影、鸟鸣与欢笑，替代了过去的机器轰鸣，老吴说："没想到老去的青龙会被唤醒，得以重生。"

老吴杖声笃笃，犹如时代的节点，述说着时代之变、青龙之变、城市之变、发展之变。

(李震)

TIPS

青龙山位于丁蜀镇黄龙山西北侧，因出产青灰色的石灰岩，曾为宜兴水泥厂、丁山水泥厂等企业的矿石开采区，有力地助推了地方经济发展。2019年，宜兴对废弃矿山宕口进行深度生态修复，改造成市民公园——青龙山生态公园。公园面积约55万平方米，围绕"山""水""木""花"等要素分区域进行生态修复和景观打造，设有龙尾、凤栖、玄泰三大景区，以及倚望青峰等18个景点，积极融入地方文化特色、陶文化元素，成为市民游客的休闲好去处。

125

芮欣：临帖、采风、画画、看画展、学制壶、陶刻、学泥绘、做雕塑……我那几个学艺术的大学同学，当了"宜漂"。他们说要沾沾大师故里的灵气。哈哈！

移山者

冰冷的夜色，罩着屺亭桥边的一间小屋。这一天，才华横溢的画家徐达章，在贫病折磨中离开。

弥留之际，他给儿子寿康留下了话——

"要记住，业精于勤……

生活再苦，也不要对权贵折腰。"

寿康含泪写信，告贷葬父。

从13岁开始，父亲便带着他，流浪卖画。一路上，他看到了太多的苦难，画作常署名"神州少年"，盖上"江南贫侠"印章。

父亲去世后，他为自己改名，徐悲鸿。

孤雁悲鸣，独自穿过漫漫长空。

在黑暗的旧中国，一支画笔能做些什么呢？

多年后，悲鸿名满天下，他的画，唤民众觉醒，也令当局恼怒。

《田横五百士》《徯我后》《九方皋》……是杰作，更是檄书。

人间满目疮痍，民族路在何方？

抗日战争爆发，悲鸿与祖国一道苦战。

1940年4月2日，他在致友人信中说："一月以来将积蕴二十年之《愚公移山》草成，可当得起一伟大之图。"

126

1938年，滇缅公路悲壮的施工场面，将他创作的激情推向了顶点。

20万滇西人民，包括老人、妇女、儿童组成筑路大军，仅用9个月时间，凭简陋工具，劈山破岩，用血汗和生命，筑成伟大抗战生命线。

全民抗战，当代的愚公移山。

他夜以继日构思、写生、访问、研究资料，房间里到处是素描草稿。

他要将画笔作刀，作火炬，让黄河咆哮、醒狮怒吼。

经典巨作《愚公移山》，横空出世，其思想性和艺术开创性，震撼当世。

他在南洋举办多场筹赈画展，仅新加坡的一画展，他赠送、售出的画作就达四五百幅。

这是属于悲鸿自己的移山，其售画所得巨款全部用于支持抗战。

他因此种下了腰痛病根，胃痛、肠痉挛旧疾，亦开始长期折磨他。

《奔马图》有题句："直须此世非长夜，漠漠洪荒有尽头。"

移山者，必将迎来黎明。

（徐沐明）

TIPS

1. 宜兴籍书画大师徐悲鸿、钱松嵒、吴大羽、吴冠中，直接影响了中国现当代美术史阶段性的走向。在他们周围，还有尹瘦石等一大批有着较高知名度的书画家和理论家，共同绘就了中国美术史上罕见的"宜兴现象"。

2. 徐悲鸿（1895—1953），生于宜兴屺亭。中国现代美术事业的奠基者，杰出的画家和美术教育家，中国绘画改革和近代写实绘画的奠基人。

3. 悲鸿故里文化园，依托于悲鸿故居而建，位于屺亭街道。

4. 宜兴徐悲鸿纪念馆位于宜兴文化中心。

芮欣：屺亭溪河湖荡密布，古桥众多。一代书画大师徐悲鸿的故居，就坐落在塘河之畔。秀气的小桥流水，诗一般的翠竹晴岚，梦境一样的晓雾渔舟，温柔地触动悲鸿那颗稚嫩的心，将艺术的种子，撒进徐悲鸿心里。

悲鸿的乡愁

"我们的屋子虽然简陋，

但有南山作屏风，

塘河像根带子，

太阳和月亮，

霜和雪都点缀了这江南水乡的美丽。"

这是徐悲鸿满怀爱恋的故乡，

烟波浩渺的太湖之西30里。

一座石桥将河的两岸连接起来，

这桥的名字叫屺亭，

这个小镇也叫屺亭。

1905年春，塘河之畔，春意正浓。

10岁的徐悲鸿在家门口的桥边，

诗兴大发留下一首五言绝句：

春水绿弥漫，

春山秀色含。

一帆风信好，

舟过万重峦。

诗意少年的儒雅从小萌芽。

一座座青石板桥，

那是悲鸿最初的美学欣赏。

他从这里出发，探索艺术的苍穹。

东方的意境、西方的美学，

只可意会不可言传的美妙，

全都描绘在一幅幅经典之作上，

连接起故乡和世界沟通的桥梁。

屺亭古桥，

至今矗立在悲鸿故里。

斑斓的色彩和浓郁的童年记忆，

留存了世代屺亭人的回忆与欢乐，

更成为无数人对家乡的情感寄托。

一如徐悲鸿，

热爱大自然，

热爱自己的乡土。

（高春艳）

TIPS

对生活在水城宜兴的人来说，桥不仅是日常走过的建筑，更代表着最典型的江南生活场景，还包含了丰富的历史文化信息。宜兴现存较为完好的古桥有张泽桥、归径桥、玉带桥、鲸塘桥、谢桥、漕桥、画溪桥等182座，其中15座列入"江苏省文物保护单位"。

山水画大师的小镇童年

陈家村那个虎头虎脑的小孩童，又来看画画了。

他眼睛圆圆的，笑起来，像星星落在水波里。

杨巷自古繁华，书画兴盛，这里不仅有专业画师，还有外埠跑码头的书画师，一住便是数月。他们挥毫，小孩便盯着，看出神。

有新来的画师笑问——

小娃娃，可有临帖？

有啊，先临石鼓文，后来是石印本《祀三公山碑》《张迁碑》……

当地画师忙说，这是钱先生家的松嵒，钱先生书画刻印，无一不好，我们常去钱家论书作画，他在边上听得认真。

那你喜欢谁的诗画？

听大人们说，画有了士气就雅，我最喜欢苏东坡和王摩诘。

家里十多只书箱，父亲任其翻取，松嵒临《芥子园画传》，读《左传》《春秋》，各种画论都看，父亲索性散养，学堂随他去不去。

陈家村是丘壑绝佳的所在。钱先生教书，闲时种田，松嵒放羊闲逛，看山看云看奇石，对景描摹。在他眼里，家边安乐山，是天然"米派画法"；七八里外有磊磊奇石，如叠糕、积书，是倪云林"折带皴"；天际浮云重山叠岭，像郭河阳的粉本……父亲说他画山像山，既好，也不好，须得画中有我。

不仅是父亲，而且油漆匠、木匠、泥水匠、石匠、纸扎库师傅，都是他的美

育老师。匝山太师庙、镇上城隍庙，无壁不画，手法高妙无比。家家灶山、影壁、门头、檐下，皆有墨笔线画，家具上有浮雕、线雕，糕团上有彩绘，宗祠神龛有镂雕，连冥器纸屋也有精妙剪纸。

当年的"小画痴"，长大后走遍千山万水，将伟大的中国气派、民族风格，融入中国山水画，成为当代中国山水画代表人物之一。

他的女儿钱心梅回忆说，父亲晚年时，常常一夜全是梦，梦到的都是小时候。

钱老说，他的童年是"在美的天堂里快乐享受"。

"山爱家乡看，水爱家乡喝。家乡在江南，山笑水欢活。我如居画中，万绿护紫闼……"这是他在1984年制图并题诗的《家乡好》。

钱老一次次深情地回到家乡，写生、作画，他将心中的家乡颂，永远地留给了世界……

（徐沐明）

TIPS

钱松嵒（1899—1985），宜兴杨巷人，当代中国山水画代表人物之一。前往杨巷，可访钱松嵒艺术馆。

是猛士　是渊明

　　暴雨如怒，隔绝尘嚣，此时此境，读吴大羽油画作品集，甚好。

　　吴大羽先生，中国油画第一代垦荒者，吴冠中称他是"生命的宗教徒""大师中的大师"。

　　人天之间的对白，时间与空间的合唱，在他的画布上，如乐传影，如舞流姿，融光色，留韵致，赋象势。

　　《花韵》《色草》《滂沱》……天地万象经他心魂，吞吐、溶解、变形、翻腾，势象之美，奔涌而来。

　　一只手，"像透着阳光，血在奔流的通红的手"，占满了整个画幅。

　　这是他在抗战时所画，难得有题词，大意是——

　　"我们的国防不在海疆，不在山岗，而在我们的血手上。"

　　他对自己的学生，宜兴小同乡丁天缺说："让沉睡的中华儿女警醒过来，该多有意思呀！"

　　浓重的宜兴口音，字字铿锵。

　　他是杭州艺专的旗帜。

　　烽火连天，学校流亡。他"遥鞭课于万里"，书信授课。困厄之际，他说可以变卖衣服，资助教学。他的论艺信札，吴冠中说"像《圣经》似的，我永远随身带着这些墨迹"。

　　书里有他的照片，目光清和而坚毅。

吴大羽（前排右五）与杭州艺专教师郊游合影。

他一生以陶渊明为楷模，写有六百多首诗，有陶潜气息。他说渊明，是千古猛士。

很多年里，他独居陋室，手把陶诗，既作画写诗，也做饭拖地，刷马桶。

他书孟子句，"富贵不能淫，贫贱不能移，威武不能屈"。

1949年，他的岳父劝他们去台湾，允诺以万金遗产相赠，夫妻皆拒。

吴大羽说爱妻："我有名分崇敬我的爱人，她才配称作渊明的配偶，万金不看一眼。"

他从不在作品签名，说："签名就成了多余了。"

不止是苦难，一切概念、经验、规则、界限，他傲然超越，"统统扔掉它，我画我自己的"。

咳血、贫病、目疾，无法阻碍他飞羽掠天，长耘空漠。寒陋的画室里藏着无比灿烂的光明。

他将画打磨成一把刀，劈开外相，表现人与宇宙间一个最本质的东西，那近乎一种天道。

他说："美即我，我即渊明。"

（徐沐明）

TIPS

吴大羽（1903—1988），出生于宜兴宜城，杰出的油画家、艺术教育家，中国现代绘画奠基人之一。

他是中国早期抽象画的一代宗师，享誉海内外的现代主义大师吴冠中、赵无极、朱德群等人都出于吴大羽门墙。

在先生的画里疗愈

一只小鸟随性点染，时隐时现，便是天堂。

这个世界有天堂吗？吴冠中先生说有的。

他说，天堂者，无忧无虑之家园也。

绝大部分人不会成为画家，但所有人需要美。美令心灵苏醒，寻得力量。

风雨交加，打伞划舟，寻向江中鸟岛，画中天堂，那个快乐的"苦行僧"，便是先生。

在美面前，粗粝的心为之温润。

一只燕子，从麻木疲惫的眼睛前飞过，它好像不曾存在。

先生的画，以无限丰富的形式美感，引导我们重新看，以心观自然，体世象，窥深情。

大块白，小块黑，架构经营，空灵包容深邃；修竹柔条，穿插映照，虚实缓转，幽恬之气，盈然画面（《飞尽堂前燕》）。观之，狂心歇羽。

河岸陋室，壁垒阴暗，居者潦倒。一盆红花，开在小窗，一点暖色，照亮命运冷色（《窗》）。

人生哪有不苦，但人大于苦。

物质堆出漂亮，世人沉溺。先生说，美不是漂亮。正如一任风霜磨洗的苦瓜也是美的。

一幅《荷塘春秋》，可阅生生死死。荣枯有时，泰然处之。

喜欢先生堂堂气派：我之为我，自有我自己的存在。

累了，委屈了，就去看先生的画吧。

先生背着沉重的画箱，踩着泥泞的路，在前面等你，去发现美，在美的感受里，认识自己，疗愈自己。

（徐沐明）

TIPS

宜兴是著名艺术大师吴冠中（1919—2010）的故乡。吴冠中故居位于宜兴和桥闸口。吴冠中艺术馆位于宜兴市陶都路。

苏欣："嚼霜前之两螯""蟹微生而带糟"……蟹，牢牢占据东坡《老饕赋》美食榜。他来宜兴那么多次，定是过足蟹瘾！稻熟柿红尖团肥，时光正好，何不来高塍，把臂同游，赏滆湖秋色，赴饕餮盛宴？

滆湖『蟹』意浓

秋风起,蟹脚痒。

来宜兴品蟹,绝不能错过滆湖螃蟹。

高塍,有着滆湖螃蟹最大的连片养殖区域。

好水养好蟹。

坐拥滆湖,享有得天独厚的生态优势,并没有让高塍人迷失自我。

在盲目扩大围网养殖规模和守护水清岸绿"浪打浪"间,聪明的高塍人毫不犹豫选择了后者。

对围网养殖进行整治,推动养殖户全部"洗脚"上岸,引入物联网技术推广生态养殖⋯⋯高塍花了大价钱,行动毫不拖泥带水,满心满眼只为了这方滆湖水。

滆湖螃蟹蟹味浓郁,蟹黄多、蟹膏足,蟹肉丰腴紧致。真真应了那句"一蟹上桌百味皆淡"。

螃蟹好吃,引无数老饕竞折腰。

东坡先生就很爱吃蟹,有过"一诗换得两尖团",也会品蟹,讲究"半壳含黄宜点酒,两螯斫雪劝加餐"。

在高塍,人们爱吃蟹,也广邀八方客来品蟹。

连着办了四届的滆湖金秋品蟹节,端出集美食、美景、休闲于一体的秋日盛宴,热热闹闹,成了每年秋天"蟹粉们"的新期待。

菊花开,"蟹粉"闻蟹来,赶着一品滆湖水孕育出的这份鲜美,共享蟹农这份收获的喜悦。

(倪晶)

TIPS

滆湖位于太湖上游,是江苏省第六大湖泊。近年来,宜兴通过生态清淤、退渔还湿、生态修复等举措,全力推进滆湖系统治理,努力实现滆湖水生态环境质量提升。

芹欣：小时候，我住在新庄奶奶家。一到秋天，奶奶就会熬些银耳百合羹，去燥养肺。她爱说，这百合就是咱泥巴地里的苦姑娘。

渎上百合

渎上百合的品种名很好听，叫卷丹百合。梅花五瓣，百合六瓣，百合开的花反卷，能卷至花茎部位，犹如一只只小灯笼，花色为丹红，上面有黑色的小点，所以叫卷丹。

卷丹百合花非常美，但太湖边的农民是不让花苞长出来的，他们种百合是为了收百合吃，所以花苞出来就打顶。掐掉了花，营养往下面的种球上走，小暑后挖出来的百合白白嫩嫩，一瓣瓣抱紧，掰开来像土里长的白莲花一样，洁白光润。

太湖边的农户过去几乎家家户户种百合，通常是立秋后播种，来年清明出苗，小满打顶，小暑后收获。很少有作物像百合那样，穿越了四季，一年365天，倒有300天在土底下。

大地为母，深植地下的百合是地谷之宝。在泥土里久了的东西滋养人，所以渎上百合被誉为"太湖之参"。

新庄澄渎的朱春芳从小生活在太湖边，她最喜欢看外公做百合粉。新鲜百合洗干净，磨成浆，沉淀后反复过滤，晒成洁白的粉。外公卖了百合粉就给她买甜食吃。她小时候不稀罕百合，觉得吃到嘴里有点苦，不好吃。许多年后，她自己经销土特产，客户们指定要渎上百合，她才觉得其珍贵。吃到嘴里有点苦，咽到喉咙有苦中回甘的清香，这正是渎上百合的独特味道，有着润肺安神的药

用功能。

现在她和老公一年要销掉600多担百合, 1000多斤百合粉, 她微信名便叫"春芳百合"。有位姓秦的女士从北京打电话给她, 要买百合, 说她的先生老家在周铁, 少小离家, 现在年迈身体不好, 想吃家乡的百合。春芳心头一热, 这是离家的游子想念家乡呀。她于是选最好的百合给这位乡贤寄去……春芳后来才知道, 这位老先生就是沙庆林, 中国工程院院士。

后来沙院士去世的消息传来, 春芳很难过。

(牧笛)

苏欣：新米上市了，赶紧买来，煮一锅米饭，清香扑鼻，粒粒晶莹似珍珠，尝一口，由胃到心，都熨帖了。好香啊，难怪东坡先生要夸"阳美溪头米胜珠"了！

稻花香里说丰年

我童年的美好记忆，大多与食物有关。

一碗菜饭，别样滋味。

秋收时节，新米上市，架起土灶，在烟火香气中，那碧绿诱人的乌塌菜，星星点点撒落在晶莹油润的米粒间，一口下去，咸香四溢，萦绕心头。

我记得，水稻生长到"抽穗扬花"时，生命力最旺。

稻叶壮，稻穗绿，煞是好看。

那田野间，清清淡淡的稻花香，令人迷醉。

深秋，金黄的稻穗在阳光的照耀下闪着迷人的色彩，人们走在田埂上，穿行于稻浪中，迎候大地的馈赠。

收稻，是有一番工序的。

樵稻、掼稻、轧稻三个过程的辛苦，只有老一辈的农人才有体会。

一年的辛苦在一粒粒稻谷归仓时，化为乌有，随之而来的是喜悦。

拿新米，煮饭烧粥，尝到鲜香的同时，品的也是汗水结晶的成果，怎会不喜呢？

（许国伟）

TIPS

1. 宜兴杨巷被誉为"千年古镇，活水码头"。在1882年出版的《宜兴县志》中就有"杨巷为米市"的记载。

2. 2017年，"杨巷大米"被国家工商总局认定为国家地理标志证明商标，获评"江苏好大米"十大品牌。

秋

芩欣：秋天，去张渚的梁祝爱情文化节呀。芩欣喜欢《梁祝》，是因为它在歌唱很高级的爱情，那是灵魂的自由与对舞。英台，是一千六百多年前的知识女性，她渴求的不只是爱情，她是以生命，守护自己本真的心性啊。

爱是灵魂的自由对舞

（一）

祝英台做了一个梦。

黉夜，一只风灯，伴着她。

灯上，是她在书院时画的蝴蝶。

这是东晋永和年间的夜啊。

风刀，霜剑，崎路。

烛火摇摇，领着她，向天明处去。

（二）

她听见父亲在议亲。

义兴郡，离墨山下三品官家祝氏的大小姐，只能在名门世家中结亲。

嫁的是谁，重要吗？重要的是门第。高门世家婚姻都这样。先是求族，再是择人。

东晋士族专兵，已成强大社会阶层，政治成了"门户私计"。连天子都要在士族的利益平衡间求得自存。

咱们义兴周家，有三定江南之功，江东数一数二的豪族，不也给王敦族灭了？

而琅琊王氏，两代娶郗氏女，所为何来？

梁山伯是谁？一个出身寒门的小县令。就算他再专情果敢又有何用？

什么是寒门？寒门就是什么都不是。

此时，父亲最后悔的，莫过于送英台去读书了。

高门的女儿，等着嫁人便是了。

心读野了。一个女儿家要什么自己的想法呢？

142

（三）

英台不喜欢抹粉，受不了闺阁教化。

她见过了太多的千金小姐，连一颦一笑都是一模一样的。

美则美矣，却毫无灵魂，她们一生都被禁锢在小小的四方院中。

书院多自在啊，她喜欢悄悄趴在屋顶，在阳光里，看蝶飞。

书，好像给了英台一盏风灯，照见了自己。她是渴望自由的蝶。

她看够了，母亲的委屈，从一颗珍珠，凋萎成鱼眼珠。

她与山伯，心意相通，在这污淖乱世，只求，质本洁来还洁去。

"无言到面前，与君分杯水。"

她甩掉嫁衣，直奔山伯墓。

大雨尽洗红妆，还她本真性情。

狂沙奔走，地动山摇，墓穴塌陷，英台纵身一跃。

时间仿佛静止，云散雨歇。

她从墓中翩翩而出，相伴的是山伯。

（四）

一阵风过，

蝶飞过窗边。

女孩明眸璀璨，

与蝶对视，

只一眼，

便千年。

（徐沭明　陈雅菲）

TIPS

1. 作为梁祝传说（国家非遗）的发生地，宜兴是梁山伯祝英台之乡。

2. 宜兴有祝英台读书处的碧鲜庵等诸多梁祝文化遗存，张渚镇祝陵村是梁祝文化的主要发源地之一。

3. 自唐朝起，宜兴民间有纪念梁祝的观蝶节（设于农历三月廿八）。2016年起，宜兴每年举办梁祝爱情文化节。

苏欣：朋友们来宜兴玩，让我做导游，点名要亲近自然。这还不简单？我带他们去了宜南山区，登高望远，天池盈盈，近林听风，鸟鸣声声。见此景，朋友大呼：宜兴人太幸福了！哈哈，要不怎么说阳羡山水甲江南呢。

只此青绿　宜南山区

一泓天池云水间

拥抱大山，秋色浓郁。

铜官山峰峦重叠，景色秀丽，"铜峰叠翠"更是荆溪十景之一。此时，通往铜官山顶的盘山公路左盘右旋，满眼是望之不尽的山峦。

而在铜官山，最吸睛的莫过于"天池"。

三角形的"天池"仰面卧在山顶，阳光下，一汪碧水晶莹如玉，湖面无风，似未打磨的铜镜，漫山苍翠映在水中，静影沉璧。

蓝田日暖，良玉生烟，大抵如是。

环绕"天池"的铜官山脉，四季景色各异。

芳春，万木新翠，杂花点染。

炎夏，树木葱茏，云雾激荡。

金秋，万山墨绿，湖面耀金。

隆冬，白雪皑皑，肃穆圣洁。

铜官山历来是宜兴人赏景休闲的好去处。

来铜官山登临香炉峰，"芙蓉削出秀琅玕，俯视诸峰但一丸。湖心影浸留云湿，天外孤峰落日寒"的奇景尽收眼底。

（史银娟）

TIPS

1. 铜官山上建有抽水蓄能电站，电站枢纽由上水库、下水库、输水系统、地下厂房和地面开关站等组成，是江苏省首个大型抽水蓄能项目。其中，"天池"为上水库，库容量达520多万立方米。下水库库容量达570多万立方米，环境优美，沁人心脾，得名沁湖。

2. 荆溪十景：阳羡茶泉、画溪花浪、铜峰叠翠、周侯古祠、龙池晓云、玉潭凝碧、蛟桥夜月、张公福地、国山烟寺、洴浰雪蓑。

只此青绿　宜南山区

苏南最后的秘境

当清晨第一缕阳光照进茂密的原始森林，万物苏醒。

秋日，宜兴国家森林公园，葱郁垂荫、花草相伴、精灵出没、万物生长，闪着奇幻色彩。

一路听风吹林动、鸟叫虫鸣、流水潺潺，"繁花谷""白泥塘""炮台山岕"……移步换景，竟有目不暇接之感。

伴着微风，探秘动植物王国——小黑沟。

一潭碧水幽蓝深邃，镶于这苍翠山林间，恍入九寨沟。

到山岕览胜，探访万古第一梅——银缕梅，感受大自然的奥秘。

数十种野生动物游梭其间，栖息繁衍；

八百余种珍贵植物，伸展英姿。

这是一片净土。

茶岭叠翠、幽泉溅珠、竹篁成荫……

季节在这细腻温婉的江南山水里，酝酿出一片浓墨重彩的"莫奈花园"。

行至水穷处，坐看云起时。

听一泓流水，揽一缕清风，在草木间体悟这座城市的肌底和灵魂。

（史银娟）

TIPS

宜兴国家森林公园位于宜南山区，前身是创办于1950年3月的宜兴林场，1992年经原林业部同意建立国家森林公园，总面积3400公顷，分为南部蒿山和北部铜官山，森林覆盖率达97%。公园内丘峦起伏、景色秀丽，是典型的中亚热带北缘气候带。山系属天目山余脉，是江苏省野生动植物最丰富的地区之一。

只此青绿　宜南山区

苏南小莫斯科

茗岭，绿意环抱，草木幽生，阡陌之上，云雾悠然。

茗岭山上盛产野生茶叶，是江浙最早的产茶地之一。

千年前，阳羡的茶，正是通过茗岭古道走出深山，惊艳无数文人墨客。

站在苏南第一高峰黄塔顶上，目之所及，皆是风景。

那一座座青山，连绵不断，气势磅礴。江南这一带的山海拔不算高，却错落有致，景色清秀，古树名木众多，是一座天然的绿色宝库。

茗岭的山野之间，竹林密布，身居其间，心胸亦开阔，茂盛的植物提供了丰富的氧气，良好的环境也让茗岭村成了名副其实的长寿村。

茗岭的山里除了风景，还有道不尽的热血故事，宜南山区因其特殊的地形优势，在抗日战争时期成为新四军的革命根据地，有"苏南小莫斯科"之称。

茗岭山脚下的张渚红色文化展示馆内，一张张图片、一段段历史娓娓道来。一辆让人印象深刻的独轮车，仿佛在诉说着人民群众倾力支前、军民同心的感人故事。

如果来茗岭，不妨聆听一下英烈与先辈的故事，在青山绿水之间，寻一抹别样的鲜红底色。

（史银娟）

TIPS

1. 宜南山区革命活动旧址在茗岭村，革命战争年代留下了许多可歌可泣的红色故事。1944年，茗岭村成立了宜南山区最早的中共党支部。威震江南的长岗岭战斗、响山浜战斗曾在此地打响，在宜兴革命史上留下了辉煌的一页。

2. 黄塔顶是茗岭山的主峰，海拔611.5米，是苏南第一高峰。

苏欣：秋日的风真是调皮。它在阳羡湖畔跟大伙捉迷藏呢，一会吹下湖边的芦苇，一会跳过水面的涟漪，一路小跑又钻进了人们的心里，你说恼不恼人？

谁说秋风，恼人？

秋日，适合闲逛，适合发呆。

去阳羡湖边走走。

看丝丝缕缕的薄云，照皱眉慵懒的暖阳，

是生活写给我们的情书。

发烫，

又迷恋。

秋风乍起，

孩子们要去追抢镜的黑天鹅。

谈情说爱的恋人正记录美好时光，

这一切，

都被定格在了时光里，

包括，

刚才那阵秋风。

（俞臣　宋浣竹）

TIPS

1. 阳羡湖，位于宜兴阳羡生态旅游度假区（湖㳇镇），地理条件优越、自然资源丰富、生态环境良好，是一座集防洪、供水、景观旅游等功能于一体的中型水库，也是阳羡生态旅游度假区的核心景点之一。

2. 东坡阁，选址于阳羡湖南侧的溪山之上，四周群山环绕，北可俯瞰整个阳羡湖，所在之地原本是一处废弃的矿坑，由国内古建泰斗、东南大学教授朱光亚设计，成为宜兴充满人文气韵的标志性景观。

苏欣：每天早晨，被阳光叫醒，出门去，远处的山青翠，近处的水淙淙，墙角的花正好。在阳羡溪山，时光可以很慢，很暖。

溪山好处便为家

清晨，阳光从云雾中穿过，阳羡湖那汪碧水又清透了几分。阳羡溪山小镇缓缓苏醒，街头人影渐密，巷道喧闹渐起，卢克推开窗，开启了美好的小镇生活。

2022年9月，卢克举家从深圳来到阳羡溪山，成为小镇居民。他爱研究鸟，小镇里茂林修竹、鸟鸣阵阵。于是，寻鸟、追鸟、拍鸟、护鸟，成为他的新爱好，他也因此被身边朋友、邻里亲切地称为"鸟叔"。他和邻居刘学忠、胡伟民、王秋月、马霄、李军等一起制作的《溪山动物乐园》专题片，还在央视频播出了。

在小镇，卢克找到了很多好朋友，75岁的陈建都是北京人，2022年住到小镇后，两人经常一起去参加雅达书院举办的很多课程。

陈建都有时以候鸟自比。说，阳羡溪山是他精挑细选的迁徙地。或在院中画画，或背着相机采风，或去雅达书院参加陶艺班和京胡班，"老候鸟"的小镇生活，颇有种东坡笔下"与谁同坐，明月清风我"的闲适自在。

北京来的蒙蒙，也在这片山林间找到了自己。她在这里开了一家面包店，既满足了吃货的味蕾，又让小镇清风中多了一股美好的甜香。

是什么让东坡居士对这片山水如此眷恋？

在这里，你或许能找到答案。

（张蔷）

TIPS

1. 目前，阳羡生态旅游度假区有景区、酒店、民宿、农家乐等各类旅游单位627家，其中景区22家（AAAA级景区5家），住宿单位465家。

2. 雅达·阳羡溪山小镇项目位于阳羡生态旅游度假区，建有雅达书院、文化艺术中心、剧院、健身中心、酒店、医院、商业街、彬风堂陶艺馆、滨湖公园、农业、生态茶园等。其中，总建筑面积约4.5万平方米的小镇中心，规划有精品酒店、特色民宿、各类餐饮、娱乐和文化等主题业态，采用新中式建筑风格，是整个小镇的生活和精神文化中心。

苏欣：往年这个时节正是太湖开捕的日子，沿湖的边边角角，都冒着湖鲜的味道。禁捕好几年了，吃货们心心念念的大肥鱼，此刻不知道有多快乐呐。呵呵，美好的东西总是值得等待的。

吃湖鲜

秋风乍起，有湖鲜大量上市了，太湖边的人不会辜负大自然的馈赠，白鱼清蒸，白虾水煮，小银鱼炖蛋，大银鱼炒雪菜，斜婆只鱼做馄饨馅。吃谱好的人家，去太湖边买条大青鱼，腌其肉做爆鱼，烹其尾做划水。

除了变着法子尝鲜，人们忙着晒鱼晒虾，街巷中，阳光充沛的地方搁着一只只竹筛，里面铺晒着梅鲚鱼、针口鱼、小白虾。

大户人家白虾一买几十斤，上百斤，放铁锅里氽一下捞出，唯一的调味品是盐和阳光，除此啥也不放，晒几个日头后，装袋捎给亲友，或留着自家慢慢吃。白虾干是百搭，是随配，炒菜时抓几只，烧汤时放几只，菜肴提鲜了。

太湖里最多的是梅鲚鱼，占到太湖鱼产量的一半。梅鲚是学名，我们小镇上的人叫它斜婆只，为啥叫斜婆只，我猜想跟形状有关。此鱼形似竹刀，头大，体扁，尾部分叉呈红色，小的又称凤尾鱼。

这鱼刺多肉少，烹饪得法，味道蛮好的。选细小的斜婆只油炸，加作料，糖醋味，是极好的下酒菜。还有人家包馄饨吃，去头捏肚，沥水后用刀背敲，敲到泥一样细腻，馄饨鲜美无比，吃不出一丝鱼刺。

斜婆只鱼比较便宜，太湖里的湖鲜要说金贵，当是"三白"：银鱼、白虾、白鱼。银鱼有两种，大银鱼和小银鱼。通常称之为银鱼的是指小银鱼，约二寸长，体圆，形如玉，无骨无刺，色泽如银。还有一种大银鱼，手指头那么粗，肉头肥厚，当地人称之为泽鱼。

太湖里还有一种针口鱼，上市量特别大。也有人叫它钉头鱼，因鱼嘴上长有一根针，像角一样。这种鱼不大好烹饪，容易碎，最佳吃法是做成角鱼干，用盐腌一下，加料酒、生姜、红辣椒，放太阳下收干，然后下油锅氽，大人当下酒菜吃，小孩当零食吃。

银鱼、白虾、白鱼、梅鲚鱼、针口鱼是太湖淡水鱼类中的主角。现在比较难见到的是黄鲴鱼、红丫叉、黄长条、花花媳妇、斑丫、蒿子鱼、叽郎鱼、痴虎鱼等。

世世代代的沿湖人家，想着各种法子收获茫茫水域里的特产，品尝着湖鲜美食，但也带来滥捕。这几年太湖禁捕，用暂时的"无渔"换年年有鱼。想必经过休养生息的太湖，会给人更多惊喜。

（乐心）

155

冬

Winter

如惬平生之欲
逝将归老
殆是前缘

芮欣：初冬，周铁老街城隍庙门口又是满地翻黄。这样的金黄璀璨，已蹁跹了上千年。千百年的岁月里，她站在这里，与这座古镇相依。她是一本鲜活的"史书"，是有生命的历史记录；她是一种活的艺术，用生命构成了景观；她用自己的生命形式影响着人们的生活，也点缀着岁月和记忆。

这棵树，美了1800多年

冬日午后，灶膛的柴火味伴随着一股焦香的银杏果味，在周铁老街上悠悠浮动。

"来拿两颗吃吃，城隍庙前那株千年古银杏上落下来的果，多子多福的嘞……"老街居民老沈，总会热情地给游客送上几颗刚刚新鲜出炉的烤银杏果。

"啵——"轻薄、雪白的果壳微烫，轻轻打开，露出翡翠般的果肉，小苦微甘，一入口，就尝到了岁月的味道。

老沈爱吃银杏果，也爱讲老街古银杏的故事。

建安元年（196），15岁的孙权被任命为阳羡长，代行奉义校尉。其母吴国太与妹妹孙尚香经常来阳羡礼佛，吴国太亲手种下了这株银杏树。

风雨千载，这株银杏在横塘河边的太湖入口处扎了根，成为茫茫太湖里，周铁人回家的天然航标。

在外的游子凭什么与故乡相认，就凭这株古树。

尹瘦石先生的《乡情》是这株银杏。

耄耋高龄回乡的程天民院士，也对故乡的银杏有着百转柔情……

它是周铁人的乡愁。

（周丽娟）

TIPS

1. 宜兴有三株1800多岁的古银杏，相传皆为吴国太手植，分别位于周铁老街、周铁镇徐渎村师渎自然村、新庄街道洪巷村浯泗渎自然村，其中周铁老街古银杏于2014年入选《江苏古树名木》，为全省排第三、苏南排第一的"寿星树"。此外，丁蜀镇双桥村、洑东村，张渚镇茗岭村，太华山，竹海景区等地亦有多株古银杏。

2. 如今，除古银杏观景点之外，宜城街道白果巷、教育路等都是赏银杏的绝美处。

苏欣：喜欢周铁，一个善意的小镇。她的亲切，在于饱含温暖意趣的生活表情、细节。在周铁，我不是过客，是归人。

周铁古镇最生动的表情

时光知道周铁的好，贴着老街走，看看她生动的表情，你很快就会爱上她，一个古老与新生并存、有情有义的镇。

镇口千年银杏树下，坐着看风景的老人，高高的永安桥上，走来怀抱婴儿的外来妹。你看见少儿踩着踏板车轻灵地飞过，后面跟着一群追赶的孩童，不用问，多半是外来务工人员的娃。他们是周铁古镇的新血液。

这里，谜一样的丁埂文化遗址，为五千年中华文明再添实证。

这里，"红了樱桃，绿了芭蕉"的经典，在流光中传唱。

这里，活了一千八百多年的银杏树，依然枝繁叶茂。

这里，英才辈出，星空灿烂……

看到古镇的现在，就知道古镇的过去；听到老街的声音，就知道时光的全部秘密。

你听说，周虹的爸爸想捐钱给周铁中学，开始去察访时，学校门卫不认识他，他要进门还赔笑脸递给对方一支香烟。你忍不住说：哇，要是早知道他后来捐出一千万元，学校要大开正门迎接呢。

周虹爸爸的公司坐身地现在并不在周铁，可他曾经在周铁分水当过化学

教师，有教育情结，企业壮大发展后，就想捐钱给家乡的学校。

多好的人！

你听说，镇上一千多个70岁以上的老人，吃饭不用愁，政府贴钱，定点送餐。你忍不住感慨：老了，生活不便，有人搭把手，实实在在。

多好的地方！

岁月悠长，周铁慈善的力量就像老城隍庙门前的千年银杏树一样枝繁叶茂。善意永远是小镇最生动的表情。

这样生动的表情在人们日常生活中可见，在企业的慷慨解囊中可见。周铁镇先后设立32个助老、助学、助困、助残等基金，发放救助资金五千多万元，受助群众超3万人次。

兴达大病救助基金、永信助残基金、傲伦达帮困基金、建基爱心慈善基金、青商会爱心（帮困）基金、慧林禅寺慈善爱心基金、荣威海龙亭关爱基金、凯利助学基金……

这一串串生动的表情，让人心底涌起暖意，想起李宇春《银河中的星星》这首歌："漫天的星星，流转起落，默默地守护，所有光明磊落，柔柔的光辉，穿过黑夜，横跨过云雾……真心，感动多少季节片刻，季节才如此恩泽，开出花朵。"

一个地方的文明程度，体现在对弱势群体和残疾人的态度上。一个地方的民风淳良，体现在大家都想做好事。

关爱、体恤、友善、平等，这是人世间该有的样子。

（乐心）

儒芳古村"怪老头"

周铁儒芳是千年古村。相传苏东坡泛舟太湖，泊岸沙塘港，途经此处，闻学子书声琅琅，儒学甚兴，感慨道：孺子可教，儒风芳菲，故称儒芳里。

著名画家吴冠中有幅名画——《故乡小巷》，画的就是儒芳里的这条巷子。

莫淼渊是村里的"怪人"。有人称他莫先生，他说自己是割草樵柴的乡下老头。

这还真是的。

春种了，他忙着锄田种东西，一天挑了十九担大粪。这年头，人家都用化肥，他挑粪壅田。

他还动手挖墙脚，砌了两层简易房，没请一个小工帮衬，一个人搞定。

可是，如果你就此认定，他只是个割草樵柴的农夫，那就错了。

他三开间平房布置成书屋。推门而入，满屋是书，十二个大书架每个都分成七层，满满当当足有上万册书。书斋名叫"刍蕘斋"，由当代著名书画鉴赏大家杨仁恺题写。这个"刍"字用的是象形字，像一个人的手在割草。而另一个"蕘"字，用的是古体字，樵柴的意思。难怪他说自己是割草樵柴之人。

他干完农活，就在书斋里写写画画，最喜欢画葡萄。

莫森渊出生在一个道教从业者世家，父亲莫燮云精熟多种民族乐器，会书法，绘画，唱昆曲，自己制作珠灯，民国初期创建兄弟道房，名盛宜锡常一带，与民间音乐家瞎子阿炳多有交往。从小在家庭氛围里浸润，莫森渊对书画、古籍、民间工艺等，有亲近喜欢之心。

他喜欢收藏，几十年里，寻宝、藏宝，研究地方传统文化。

一辈子收藏到底是为了什么？这个问题他反复在想。

有一天他想明白了，自己年纪大了，得为心爱的藏品找一个好归宿。2021年春节前，他与一位文友商量，想捐赠。文友非常赞成，当即帮联系宜兴市档案史志馆。

首批捐出100多件（册）古籍、善本、孤本、绘画、地方史志资料，他称之为第一个"文化女儿"。出嫁这天，宜兴市档案史志馆副馆长等人赶来"迎娶"。

捐赠出去的古籍因年代久远，样子难看，急需修复。"婆家"没有让他失望，他们拨专项资金，邀请南京的专家作抢救性修复。经过修复的古籍，仿佛受过苦难的女儿披上了华彩。他被"婆家"打动了，萌生将第二个"文化女儿"——宜兴先贤书画捐赠出去的想法。称之为"二女儿"的捐赠品，一共有26件。其中有多幅是明代、清代、民国时期的名家作品。

之后，他忙着为"二女儿"出嫁作准备，为即将离他而去的书画写背景资料，当作一件陪嫁的新衣。26件藏品有着26个故事，莫先生抚卷凝思，往事历历在目。他将宜兴先贤书画装箱打包捐赠出去，一度动情落泪。几十年相伴有了感情，心里难免有些不舍，但他深知，这是最好的归宿。

（乐心）

芮欣：岁寒，宜兴的初雪如约而至。那漫天飞舞的雪花，泛着微光，自由执着，向着大地洒落。总有那么些人，就像这初雪，下得纷纷扬扬，在黑夜里，在寒风中。

潘梓年

他们是冬天的初雪

"我们正如冬天下的初雪，在不久的将来，人们必定可以看到大地银装，在一片清辉的世界。"

1927年，潘梓年从上海回到家乡宜兴，在建立党组织的工作会议上，激情讲话。

是年秋，宜兴农民暴动打响了江南农民暴动第一枪。潘梓年是重要的推动者之一。

五四运动后，来自陆平村书香门第的潘氏三兄弟，兄长潘梓年、弟弟潘菽、堂弟潘汉年，投身于革命的洪流，成为著名的"潘氏三杰"。

这是三兄弟在抗战岁月里的匆匆身影——

1938年1月11日，第一份《新华日报》出版，作为首任社长，潘梓年被誉为"中共第一报人"。

武汉失守之际，报社搬迁，他一直坚持将最后一份报纸送到读者手中。搬迁途中，日军炸沉江轮，他的弟弟美年和同事一起不幸遇难。

初到重庆，十分困难，他只能带着同事们在山坳里搭起草屋，先出油印墙报。

国民党不许发表抗战社论，他用报纸开天窗方式作反抗，在天窗位置印上八个大字："抗日第一！胜利第一！"

《新华日报》被毛泽东同志称为八路军、新四军以外的"另一方面军"。

潘汉年以香港为据点，往返各地，领导党的隐蔽战线斗争。在他和廖承志同志的谋划下，国际友人和爱国华侨捐赠的抗战物资，陆续转运到各抗日部队。

潘菽则活跃在抗日民主运动中，先后参与发起自然科学座谈会、中国科学工作者协会。

"一片一片又一片，飞上河山皆不见。前消后继更凶猛，终把河山全改变。"潘梓年在狱中写下的《咏雪》诗，正是"潘氏三杰"的初心写照。

（徐娜姿）

潘菽　　　　　潘汉年

TIPS

1. 潘梓年（1893—1972），我党在新闻、文化战线上的卓越领导人之一。

潘菽（1897—1988），中国心理学的开拓者和奠基者。

潘汉年（1906—1977），坚定的马克思主义者、卓越的无产阶级革命战士、久经考验的优秀共产党员。

2. 新街街道有潘汉年故居、同乐堂、大芦寺等数十处革命遗址。街道正在修缮部分遗址，同时筹建以"潘氏三杰"为主要内容的文化展示馆。

一封家书，道尽滚烫初心

一、言萬语要写啊你们，但始终无法写出好！弟妹！今生就这样与你们作结了

你们的大哥砚芬嘱

亲爱的弟弟妹妹：

我今与你们永诀了。

我的死是为着社会、国家和人类，是光荣的，是必要的。我死后有我千万同志，他们能踏着我的血迹奋斗前进，我们的革命事业必底于成，故我虽死犹存。我底肉体被反动派毁去了，我的自由的革命的灵魂，是永远不会被任何反动者所毁伤！我的不昧的灵魂必时常随着你们，照护你们和我的未死的同志，请你们不要因丧兄而悲吧！

……

你们的大哥砚芬嘱

临刑前，史砚芬小心地把这封诀别信藏在内衣口袋里。

他一直使用化名余晨华，只有在这封诀别信中，才在落款写下了"砚芬"这个自己真正的名字。

他把脸洗得干干净净，把头发梳得一丝不苟，换上来南京时穿的那件青绿色直贡呢长衫，和一双白帆布胶底鞋、一条白单裤。青年人的神采，照亮了监狱昏暗一隅。

临去时，他向狱中难友敬了一个礼，力蕴千斤，胜过万语千言。

1927年，宜兴农民暴动被镇压后，史砚芬受组织安排，前往南京继续开展

166

亲爱的弟弟妹妹：

我今与你们永诀了，我的死是为着社会国家和人类，正是光荣的，是必要的。我的死是有我千万同志，他们踏着我的血迹前进，我们的革命事业必底于成功。故我虽死犹存，我底肉体被反动派毁去了，我的自由光明的革命的灵魂是永远不会被任何反动者所毁伤。我的不死的灵魂必将随着你们奋斗，你们和我的未死的同志，请你们不要因丧长兄而悲吧！

妹妹你年长些，此后，以後你是家长了，身兼父母兄长的重大责任。我本不应当把这重大的担子放庄你手上，但我们同住在痛哭之余必能谅察我的苦衷而原谅我。

弟弟你年小些，你待姊姊应如待父母兄长一样。遇事要和她商量，听她指导。家里十余亩田作为你俩生活及教育费用，我死以後，不要治丧，因为这是浪费的，你能继我志愿乃我们第一要求。对你们忍心些，我相信你们在痛哭之余必能谅。

母亲年长，重大责任，我本不应当把这重大的担子……

光，我必含笑九泉，看你成功，不能继我志愿则……

革命工作。次年"济南惨案"爆发，他和南京的同志一起，动员了1000多名学生到长江路国民政府请愿示威，强烈要求政府对日抗议。

后因叛徒出卖，史砚芬在南京参加一次会议时被捕。狱中，他即便被打得遍体鳞伤，也坚决不出卖组织。他还以笔作剑，写下《夜莺啼月》等诗文，揭露国民党的黑暗统治。

1928年9月27日清晨，这位年仅24岁的革命者，高唱《国际歌》，在雨花台英勇就义。而那封红色家书，感染了一代代中国人。

（吕家琦）

TIPS

史砚芬（1904—1928），出生于宜兴官林义庄村，是宜兴农民暴动的组织领导者之一，1927年任共青团南京市委书记。官林镇设有史砚芬烈士陈列室等红色场馆。

苏欣：一个女人能有多大的力量？钱秀玲用自己的勇气做出了回答。她在异国他乡，让110个鲜活生命从纳粹枪口下逃生，她是"比利时的母亲"，可她说："忘记我。"

枪口下的玫瑰　比利时的母亲

她从一座江南小城走来
断拒指腹为婚的"拉郎配"
稚气未脱的脸庞上写满坚毅
她怀揣炙热之心异国求学
与故乡开启长达半生的暌违

硝烟弥漫进城市的角落
人间已不尽伤悲
所有人寝不安席食不甘味
信念呵它化身利锐
带领她冲破重围
从驱车数百公里在枪口救下垂死青年
到成功挽救铁蹄下的110个无辜生命
我心磊磊不曾生畏
只愿光明的号角震退一切污秽
只愿和平的钟声唤醒迷茫人类

无数遍"忘记我"不曾让丰功减退
墓园深处的玫瑰已安然入睡
只留下一方模糊小小墓碑
埃克兴市的"钱秀玲路"上
清晰映照她来时的余晖

（俞婕）

168

TIPS

　　钱秀玲（1912—2008），宜兴新庄人，早年就读于比利时鲁汶大学，获化学博士学位。二战期间，比利时被德国侵占，钱秀玲曾营救一百余名比利时人的生命。二战后，为表彰其义举，比利时国王授予她"国家勋章"，埃克兴市政府将市中心一条大道命名为"钱秀玲路"。

茉欣：一朝江南雪，半梦醉人间。江南飞雪，属实难得，故格外令人疼惜。雪裹着宁静与诗意，不紧不慢，飘飘洒洒。一夜间，城市变得浪漫，冬天不再枯寂。

江南飞雪　最忆是阳羡

雪不是江南常客。雪落宜兴，有一种久别重逢的惊喜。

阳羡飞雪，即兴成就一幅泼墨山水画，豪情与雅致平分秋色。

雪落宜南山区，见一份豪迈，起伏的茶山变得沉静，茶陇勾画出大地肌理，万顷竹海绿意渐隐，白雪皑皑下的苍松翠竹，侠气纵横；雪落太湖，见一份庄重，水天一色，袅袅云雾似素纱，为身着银装的山河大地加冕；雪落老街，见一份古朴，白墙黛瓦，桥影绰绰，听着行人"咯吱"的踩雪声，仿佛一朝回到旧时江南；雪落亭台楼阁，见一份雅致，飞檐廊阁耸立欲飘之姿，玉树琼枝隔着轩窗如画……

若到宜兴遇上雪，就住进这"画"里，感受绝美阳羡！

（姜露）

171

苏欣：中国宋朝历史上，一文一武，两位"天王"大咖——苏轼与岳飞，各自在命运重要节点，选择了同一个城市：宜兴。苏轼，择阳羡而终老，在被贬时，将家人托庇于宜兴。岳飞，振起于宜兴，还当了宜兴女婿。这是偶然，还是归宿？

岳飞振起之地

在宜兴张渚镇西街，有一座岳飞行馆，也称张公祠，它是目前全国唯一一处岳飞抗金军事指挥所遗址。

七次驻军，九月逗留，宜兴是岳飞一生抗金事业的转折点。

公元1122年，19岁的岳飞以"精忠报国"的豪迈，投身军营。

金兵挥师南犯，直逼宋都临安，岳飞孤军转战，六战皆捷，声名远扬。

那时的宜兴几乎是一座孤城，金兵压境，盗匪横行。

宜兴县令钱谌请岳飞来宜兴抗金平寇，作为答谢，小城愿资助"万军十年粮"。

岳飞在安徽广德抗金，军粮告急，欣然应允，于1130年初移屯宜兴，指挥部就设在张渚镇后街的张氏宗祠。

在这里，这位战功赫赫的将军清肃匪贼，恢复生产，造福百姓。

宜兴成为乱世中，难得的一席平静地。

四方百姓来此避难，许多青壮年投奔岳飞。

城南泗水庵前一片沼泽，为行军之便，军民合力，架桥筑堤，一夕而成。

西渚筱王村成为军需基地，宜兴人大量烧制陶制水壶，供抗金军用。

谢桥、民望村、百合场……许多宜兴古地名源于岳家军。

军与民，彼此托付，结下深厚情谊。

岳飞以宜兴为根据地转战江南。

金人有"撼山易，撼岳家军难"之语的岳家军也在此成型，名震九州。

史学界早有定论：宜兴为岳飞振起之地。

岳飞在宜兴找到了自己的爱情。

宜兴姑娘李娃"柔洁以为质，俭勤而自修"，成为岳飞第二任夫人。

后来，岳飞遭陷害，家人被流放。平反昭雪后，岳飞第三个儿子岳霖侍奉李娃回到宜兴，定居周铁唐门，又收集岳飞遗物，将父亲衣冠冢安置在唐门

TIPS

1. 1130年秋，宜兴在周王庙内建岳飞生祠，是全国第一个岳庙，又于南宋时，建岳王庙于宜城东庙巷，此庙毁于1939年。宜兴现有岳飞行馆、岳飞衣冠冢及岳霖墓等大量遗迹、遗存。

2. 筱王村窑群位于西渚五圣村，为全国文保单位，以四系坛、四系罐（俗称韩瓶）等日用大宗陶器为主。

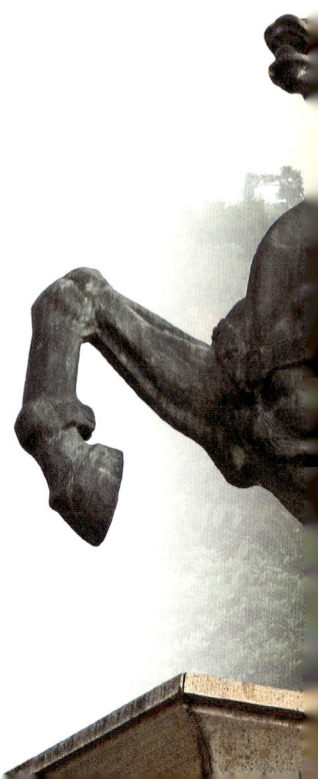

"金钩钓月地"上。

岳霖去世后，伴葬于父亲衣冠冢旁。

岳氏一脉，在宜兴安居乐业，世代绵延。

八千里路云和月。

太湖西岸，周铁镇彭干村唐门自然村，建有宜兴岳飞文化园。岳飞衣冠冢和缵忠侯岳霖墓修缮一新。岳飞精忠报国的情怀，润泽大地，万古流芳。

（许国伟）

苏欣:"寒山几堵,风低削碎中原路,秋空一碧无今古。"极爱陈维崧的词,承苏轼、辛弃疾之豪放旷达,亦有霸悍啸空之音。夕阳,冷照。湖海楼,遗址残垣,如士子背影,默然凝重。

为经为史　曰诗曰词

清初,宜兴亳村湖海楼。

寒夜,冷雨,一如肃杀酷烈的政治气氛。

烛火摇曳。白纸宿墨。其字其词,如冰车铁柱,轰然于天地间。

"叹家世膺滂,破巢剩垒;丹青褒鄂,硬箭强弓。"

"风打孤鸿浪打鸥,四十扬州,五十苏州。"

此时的陈维崧,早已不是那个家门烜赫、鲜衣怒马、许身稷契的少年贵公子。

历家国巨变,经半生飘零,他识见独具,提出词学宣言:"为经为史,曰诗曰词,闭门造车,谅无异辙也。"

词非小道,可担"经史"价值。

清初,阳羡词派群星灿然。其词风,可以"楚辞多哀怨""吹笛皆吹铁"概之。

承载它的,是宜兴人杜鹃啼血的风骨。

宜兴人素有义理之勇,临大节而不可夺。清兵破城,反抗尤为剧烈的宜兴,遭屠更甚。

土城蔓草,断垅荒丘,白骨相撑,世族居第毁于一炬。

宜兴投入抗清的士大夫、将士、邑民、望族、乡坤,牺牲人数之巨,居江东前列。

此后,被政治镇压株连极广的一连串狱案中,宜兴为祸及至重之邑。

亳村陈氏,陈于泰(崇祯状元)、陈于鼎,以及他们的族侄,陈维崧父亲贞慧,都是晚明阳羡清流代表。

贞慧隐居,拒侍清,后因小楼为遗民凭吊之所,下狱。得解救后,持屈原志,歌哭山林,心丧而死。

陈于鼎因抗清戍遣东北,后惨死弃市。

陈于泰病卧于荒庄复壁,痛于国难,早晚哀号而逝。

174

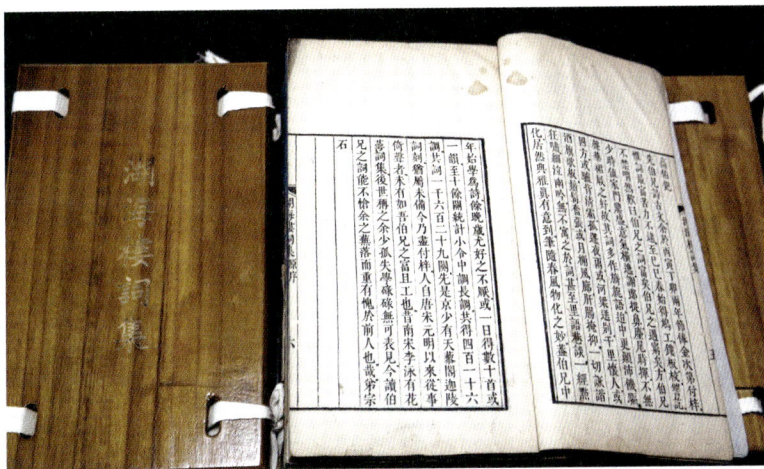

万历进士、大戏曲家吴炳，于顺治五年绝食于监中。

曾馆于陈家，与陈维崧深情交厚的石汀子，因"诗狱"而死。

陈维崧硬箭强弓式的词风，正是激发于此大痛之际。

他深恶当时词坛，少志、缺意、音如湿鼓、色如死灰的"香弱"之风。

仕途的险恶、困厄，使苏轼成为"苏东坡"。他为宜兴写下《橘颂帖》，遗世与入世，两相融解，但求心安。坡仙的"橘颂"神思，也在铜峰画水间，绵延酝化。

陈维崧有相似的节义心性，却没有像父亲那样，困锁于旧王朝，深闭于亳村小楼。

他将自己融入了泣血苍生，动荡山河。

朴素的民本思想倾入词中，小我的悲慨之词，转为宏阔的社会之词。

"征发棹船郎十万，列郡风驰雨骤。叹闾左，骚然鸡狗，里正前团催后保，尽累累，锁系空仓后……"此为陈维崧名篇《贺新郎·纤夫词》，刻画兵祸之苦。

词人表现出的批判精神，当得起"经史"之任。

志与意，时代与苍生，成为词的生命脉流，阳羡词得以开宗立派。

（徐沐明　周丽娟）

TIPS

陈维崧（1625—1682），字其年，号迦陵，宜兴高塍亳村人，清初一代词宗、骈文家，阳羡词派领袖，著有《湖海楼词集》等，所作1800余首。

175

苏欣：去官林，可以品桂芳村的米酒，也可以赏极具韵味的盾牌舞，尤其不能错过线缆产业。

万众一"芯"　缆通世界

"幸福的花儿心中开放，我们的心儿飞向远方。"20世纪70年代末，改革开放的春风唤醒了蕴藏已久的梦想，这首《我们的生活充满阳光》激励着每一个有梦的宜兴人，让有梦之人看到了希望。

春潮涌动千帆竞，天高海阔逐浪行，宜兴一批有远见的"先吃螃蟹者"发现，上海和江苏的电线电缆市场需求量巨大且销售价格日益上涨，从事电线电缆行业有奔头。于是乎，发轫于基层草根、浸润于宜兴人骨子里的"四千四万"精神，此刻得到了充分释放。从走街串巷骑着自行车卖小线，到开设电缆经销部，再到创办宜兴第一家电缆企业——东方电缆厂，这不仅是这批"先吃螃蟹者"的奋斗史，也是宜兴在搏击时代浪潮中的一个缩影。值得一提的是，东方电缆厂从此成为宜兴电线电缆行业的"黄埔军校"，为线缆行业的后续发展输送了大批人才。

"总想对你倾诉，我对生活是多么热爱，勤劳勇敢的中国人，意气风发走进新时代。"20世纪90年代，《走进新时代》火遍大江南北。宜兴最早投身电线电缆行业的这批先行者，乘着乡镇企业改制的东风，纷纷走上了承包经营、股份制改革等多元化发展道路。在他们的引领下，叠加国家宏观经济政策的利好，一大批线缆企业如雨后春笋般应运而生、拔节生长，宜兴电线电缆行业迎来了千载难逢的发展机遇，步入了高速发展快车道。小小一根"芯"铸就了一个大产业，成为闻名遐迩的中国电缆城、国家电线电缆产业基地。

"灯火里的中国，青春婀娜。灯火里的中国，胸怀辽阔。"《灯火里的中国》在春晚舞台响起，万家灯火庆团圆时，闪着多少宜兴"芯"？

这条"芯"的产业集群规模有多大？答案是：超千亿能级。创造奇迹、铸就辉煌的秘诀是什么？谜底是："四千四万"精神。

（俞臣）

TIPS

电线电缆是宜兴的地标产业。宜兴现有电线电缆及配套生产企业500余家，拥有远东、中超、亨鑫、俊知、远程、中辰等6家上市企业，远东、江润、江南、中超等4家企业入选"中国制造业企业500强""中国民营企业500强"。

芥欣："薄薄酒，饮两钟；粗粗布，著两重。"东坡诗，尽显达观。官林桂芳村的朋友，采曲香草做酒曲，酿得米酒送来，说好，今冬第一场雪时，一起喝。今夜果下雪，薄酒对老友，"美恶虽异醉暖同"，敬乡村做酒人！

乡村做酒

官林桂芳村东靠马公荡，北临溽湖，村民练习盾牌武术，过年过节操练表演是传统项目。一般阵势二三十人而已，有一年城里陶文化节开幕，史金龙当总教头，操练了上百人的盾牌舞阵势。荷叶阵、蝴蝶阵、一字长蛇阵、单心梅花阵轮番变换，官林盾牌舞出足了风头。史金龙不仅会盾牌舞，还会做酒。

宜兴乡村冬天有酿酒的习惯，年前正是农闲，做几坛米酒祭神敬祖，招待客人，犒劳自己，那是自然不过的事。春节走亲访友，主人家总会捧出自家酿的米酒，让客人品尝一下。办喜事的人家更是隆重，专门请做酒师上门做几缸好酒。

在乡间，用来做酒曲的草主要有两种，辣蓼草和曲香草。辣蓼草开粉红色的小花，曲香草开淡紫色的星星小花。史金龙家收割曲香草做酒曲丸。曲香草的药性比辣蓼草要大，它的茎秆是方形，与一般草明显不同。他十几岁就熟悉此草，跟父亲学会了炮制酒曲丸做酒。

将草叶的汁取出来与籼米粉调和，搓成一个个小丸子，放在爽水的蔺草席上，上面疏疏盖一层干净的稻草，让它们自然发酵。一天一夜后，鸽蛋形的药丸长出细细的白色绒毛，此为成功发酵的酒曲。

选上好的糯米，浸透、蒸熟、拌入酒药（曲种），待酒酿熟后冲入冷开水，不能过热，否则酒发酸就不能用了。传统酿酒是一件庄严的事，来不得半点马虎。做酒不仅要懂得酿酒的那一套流程，还要选准酿酒所用的一切器具，倘若哪一步没有留神，或是什么器具不对路，抑或温度高低掌控不好，就酿不出好酒。

做酒的过程充满期待，开缸时揭开草蒲团，一阵酒香弥漫了整个屋子。史金龙打一勺米酒，放到嘴里品一下，仰头微微一笑，好酒！这是他最欢喜的时候。

史金龙还是位诗人，于他而言，春耕夏种、秋收冬酿，本身就是一首农事诗。

（乐心）

178

苏欣：小雪腌菜，大雪腌肉。那一缸缸腌菜、一串串腊肉，是盐与阳光的味道，时间和人情的味道。才下舌尖，又上心间。

来，尝一口时光腌渍的味道

早时，冬天物质匮乏，民间有"冬腊风腌，蓄以御冬"的习俗。小雪腌菜，大雪腌肉，沿袭至今。

不到小雪时节，大约霜降过后，勤劳的乡人就开始腌菜啦！

经霜的蔬菜，菜叶肥碧，菜帮子则如含了橄榄的腮帮子，分外厚实。炒食，糯而甜津津。

白菜、雪里蕻、瘤子芥……整畦收割，去根，择去老残叶，晾晒上一两个冬阳，水分适度蒸发，菜体变软变蔫，放凉后，便可腌制。

"腌"其实是一个很有质感的动词，也是一个充满张力的形容词，它把劳动人民踏踏实实、扎扎实实的质朴情怀融入一种特别的味道里。

洗净切好的，是做瓮头菜。整棵不切的，是做踏缸菜。

菜倒入缸瓮。不用称量，做的时间长了，抓多少盐都有数，十斤菜一斤盐，手里再抓一把盐备用。

之后便开始搓揉。瓮头菜塞好后还要用擀面杖压一压，上面再铺上稻草编成的辫子，以及湖汊山里的竹笋壳，封上黄泥，接下来就待明年初春开瓮的惊喜一刻了。

踏缸菜铺一层菜撒一层盐，层层叠加，一拳拳压结实，末了，人入缸中，用脚踩（这叫踩缸）。大缸粗盐光脚板，乡间腌菜，真叫粗放有力量。讲究卫生的人家，穿着套鞋踩缸，讨口彩者还让"童子"踩缸，象征性而已。踩缸毕，用新稻草把"盖面"，再结结实实压上大石块。

半个月之后，想吃腌菜就直接从缸中取出，放一块到嘴里，那"嘎吱嘎吱"的声音显得温暖而又熟悉。

大雪节气后，此时温度和湿度都刚刚好，腌肉又开始提上日程。

选择无骨的五花肉，十斤肉放一斤盐，再倒入白酒杀菌，讲究的话再放上一把炒好的花椒。

等到盐有点湿漉漉的感觉，就开始搅拌均匀，最后放在缸里或桶里，一般十五六天后就可以拿出来晒干。这一晒啊，整个村落都飘散起浓郁的腊味，年的仪式感呼之欲出。

不知当年的苏东坡寓居宜兴，可曾经历过"小雪腌菜，大雪腌肉"？他在《东坡羹颂并引》中写道："甘苦尝从极处回，咸酸未必是盐梅。"大意为真正的味道不是靠调料调制出的，而是靠食物自然的风味。想来，这不正是江南腌菜的绝妙之处吗？

（许琦）

181

苏欣："春季荸荠夏时藕,秋末茨菰冬芹菜,三到十月茭白鲜,水生四季有蔬菜。"水中"八仙",舌尖四季。在宜兴,于不同的季节,和不同的"仙"相遇。品尝着水灵灵、鲜滋滋的"水八仙",让人不由得羡慕,生活在江南水乡,真是一种福气!

难舍这口"水中仙"

寒冬腊月,万物蛰伏,万石的水田里却透出勃勃生机。

芹菜、茨菰、荸荠,当季的"水八仙"争相上岸;菜农们置身水田,挥洒汗水,喜笑颜开,组成一幅热气腾腾的"冬忙图"。

万石"水八仙",后洪水芹最负盛名。后洪本无芹,2006年,342省道改线,大尖的水芹田被"搬"到后洪。这是机遇,也是挑战。众人观望,而老实巴交的菜农谢玉西选择大胆尝试。他明白,要改变一穷二白的现状,除了勤劳,更需要勇气。

从零起步,不断尝试,老农民渐渐成了"土专家",还把自己的成功经验传授给更多人。种芹有了主心骨,种植户积少成多,水芹在后洪找到了新机。

经过十几年的努力和发展,单季水芹延伸到四季种植,产业发展形成了规模气候。

一把水芹富了乡亲,火了乡村,让后洪摘掉了"穷帽",还助力万石成为国家农业产业强镇。

后洪的"芹"劳致富,感染激励了万石更多的村,村村都有了特色的"水中仙"。

一双双勤劳的手,一颗颗温暖的心,让万石的"水八仙"有了幸福的滋味。

(余婧)

TIPS

"水八仙"又称"水八鲜",包括茭白、莲藕、水芹、芡实(鸡头米)、茨菰、荸荠、莼菜、菱角等八种水生植物的可食部分。目前,万石镇"水八仙"种植面积近3800亩,其中特色水芹种植面积近2300亩。

苏欣：冬天到杨巷，满街都是羊肉香，闻闻那味，就垂涎欲滴。冷冷的天里，吃口杨巷羊肉，暖身又暖胃，一秒就能回魂！

冷斩羊肉到，请多关照！

隆冬，正是吃羊肉的好时节。

在杨巷，家家户户都会做羊肉。蒋建芬家做羊肉已有百余年历史。每日清晨，她都会去市场上挑选山羊，首选是散养公山羊。经过近40年与羊"打交道"，她一眼便能分辨出哪只羊的肉质好。

选回来的山羊要先处理好，煺毛、刮皮、断骨……而后浸泡数小时将其清理干净，再上锅蒸。蒸出来的味道全部浸透在肉里，想不香都难。

在这个过程中，蒸的火候尤为重要。两个多小时的文火慢蒸下，羊肉的肌肉纤维软化，饱含水分，软烂中有嚼劲。

与别处不同，杨巷羊肉以冷斩为主。待蒸好的羊肉起锅放凉，开始准备杨巷羊肉的"灵魂伴侣"——秘制甜酱。看似简单的酱料，得熬上四五个小时才能出锅。酱料出锅后，口感浓郁，黏稠中带着浓浓的酱香。

抓一大块切好的羊肉，蘸着甜酱，大口撕咬、咀嚼、吞咽，肥而不腻，一点羊膻味也没有。

片刻，口腹之内、血脉之中热量上涌。

这滋味，怕是苏东坡尝过也要直呼"妙哉！"

（张蔷）

TIPS

1. "杨巷羊市"的最早记录出现在元代末年。如今，按杨巷地区惯例，每年农历中秋节后，"羊肉市场"逐步活跃起来，西乡称作"开羊盘"；至次年元宵节，基本停止羊肉生意，谓之"收羊盘"。

2. 除杨巷羊肉外，徐舍芳庄羊肉、芳桥扶风羊肉等也别具风味。

185

苏欣：于方寸之地，斗智斗勇，每一次精准走位，每一杆利落得分，尽展力量与计算之美。作为一名斯诺克名将，家乡人民口中的"小晖"，丁俊晖的人生足够传奇！

冬 ❄

一杆写传奇

冬日不尽是严寒，也有阳光普照，更不缺让人热血沸腾的时刻。

2024年1月1日，2023拉萨"巅峰对决"斯诺克明星挑战赛上，丁俊晖战胜罗尼·奥沙利文，夺得冠军。1月8日，2024年斯诺克温布利大师赛上，丁俊晖打出职业生涯第7杆147分满分杆，这是他时隔近8年打出的又一杆147分。

一步步走来，一次次出杆，从兴趣到职业，从陶都到英伦，每一个精彩时刻，都浸透着宿命的味道，见证着丁俊晖的努力与坚毅。

2002年，丁俊晖迎来第一个"丰收年"。那一年，他先后获得全国青少年台球锦标赛冠军、亚洲锦标赛冠军、世界青年台球（斯诺克）锦标赛冠军、亚运会冠军。2005年，他创下了一个里程碑，成为首位获得斯诺克英国锦标赛冠军的亚洲选手。这一成就，不仅让中国斯诺克迷骄傲，也让世界看到了他的潜力。自那时起，他一直在职业斯诺克领域拥有辉煌的战绩，成为世界级选手。

赛季生涯有高光也有低谷，但输赢有时，热爱不止。

沉寂的日子是沉淀，为闪闪发光做准备；荣耀的时刻是力量，让丁俊晖在前行路上相信自己、不惧挑战。

万里路遥，且歌且行；心之所向，便是阳光。小晖加油！

（任晓燕）

TIPS

丁俊晖，1987年出生于宜兴。15岁时，为中国夺取首个亚洲锦标赛冠军，又获得世界青年台球（斯诺克）锦标赛冠军，成为中国第一个台球世界冠军。

截至2024年2月27日，职业生涯共获得24次冠军，其中14次排名赛冠军、2次PTC分站赛冠军、1次温布利大师赛冠军。

苏欣：曾经，我有一个梦想，在不久的将来，能在"家门口"打上"飞的"，抵达我想去的远方。随着无锡丁蜀机场的开航，这个梦想，圆了！

3、2、1，起飞！

从前，行程漫漫，交通不便是远行的阻碍。

宜兴"土著"老蒋，对此深有感触。

儿时，其随母亲去苏州探亲，先坐轮船到无锡，再排长龙乘绿皮火车去苏州。

出发是清晨，到达已然傍晚。

沿途的风景虽美，长途的疲惫也实实在在。

时代变迁，交通发展。

公共汽车的乘坐体验升级，慢悠悠的轮船、绿皮火车也因高铁的登场，逐渐淡出视野。

越来越便捷的交通，让更多人的远方触手可及。

2022年11月，无锡丁蜀机场正式开航，并从通用机场逐步探索向支线机场发展转型，欲将"更远的远方"带到宜兴人民身边。

这座江南小城，也随着迈入通航时代华丽转身，成了引领低空经济的时尚新城。

188

看着一架架飞机腾空，穿透云层，老蒋和许多老一辈宜兴人的眼中闪烁着泪光。

孩童们欢呼雀跃，在机场工作人员的引导下，用模拟器飞行、制作航模，"航空梦"在幼小的心中生根。

最幸福的，莫过于这座城市的年轻人。

坐上直升机，系好安全带，戴上降噪耳麦，沉浸式解锁"上帝视角"，俯瞰宜兴全貌，视觉盛宴直击心底；从4000米高空纵身一跃，极限跳伞的刺激，让浑身每个细胞瞬间清醒，疲惫和压力顷刻释放；还有空中婚礼、飞行体验、航校培训……

（宋浣竹）

TIPS

无锡丁蜀机场位于丁蜀镇，4.5万平方米的停机坪、18个固定翼机位、4个直升机位、一条800×30米跑道和两条垂直联络滑行道，组成了整个飞行区场道的主要空间架构。该机场于2015年启动建设，2022年8月正式领取使用许可证，成为无锡首座A类通用机场。

苏欣：想来宜兴这座"宝藏"城市，但纠结于选择何种出行方式？如果线路允许的话，个人首推高铁，平稳、舒适，跨越山海咫尺间！而从宜兴出发，更可跟着高铁去旅行，北上首都，南下厦门，直达武汉、郑州、杭州、南京等，数小时就可跑遍大半个中国……

驰骋如风越山海

2013年7月1日上午10点06分，随着从高铁宜兴站发车驶向杭州东站的G7605次列车缓缓启动，宜兴正式迈入了"高铁时代"，百万陶都人民期盼已久的"高铁梦"终于梦圆。

如果说一条铁路就是一条经济"大动脉"，那么一条高速铁路就是一条区域经济跨越发展的"快车道"。

随着宁杭高铁的开通运营，宜兴结束了没有客运铁路的历史，一举跻身宁杭"高铁城市群"，全方位融入长三角"一小时都市圈"。

作为宁杭高铁中心节点城市，宜兴乘上这趟"高速列车"，尽情舒展城市身姿。从"和谐号"到"复兴号"，无数动车组列车穿梭在这片热土之上，宜兴从长三角地理几何中心变成沪宁杭都市圈的"黄金节点"，宜兴站也顺势开通发往上海、成都、北京等一线城市的始发班次，发送旅客数量稳居宁杭线上同类城市首位。

依托高铁"动脉"，陶都宜兴以高铁为龙头的公共交通网络日趋完善。伴随着盐泰锡常宜铁路、沪苏湖高铁、锡宜城际S2线的规划建设，宜兴区域轨道枢纽城市的愿景指日可待。

（赵辉）

TIPS

宜兴站到发班次及客流量逐年稳步增长，高峰时段超1.6万人次，客流量在宁杭高铁线路上名列前茅。宜兴也是省内首个开行至北京始发高铁列车的县级城市。

冬

苏欣：在新建，不少人多年来围着一根丝转，大家哪里想过，有一天这根丝能登上国际T台？看来还是要多适应适应，这样的场面以后多着呢！

这根丝，织出了"国际范"

冬日，岁暮天寒。驱车驶入新建镇，"中国化纤纺织名镇"的标识竖立路旁，路两侧，一排排现代化厂房有序生产，透出这里化纤纺织产业的红火。

这一产业历史悠久，最早追溯至元末明初，新建地区就兴起了植棉纺纱织布。后来，伴着改革开放的春风，产业迈入蓬勃"生长期"，合成纤维厂、涤纶厂等一批企业兴办。从20世纪90年代起，随着产权改制，又崛起一大批民营规模化纤纺织企业。

华亚化纤是其中响当当的龙头企业，先后投资20多亿元，进行科技研发和技术引进，牵手东华大学、浙江理工大学等开展项目合作，推出弹力复合丝拳头产品，在激烈的市场竞争中突围。

华宜针织与江南大学携手，进行了一场为期12年的产学研合作，推动"经编全成型无缝纺织工艺"变为现实，更走出国门竞风流，登上伦敦、巴黎等时装周的舞台，一展新建亮丽色彩。

聪明的新建人，还让纺织与医疗碰撞出别样火花。

在华宜新材料，医用10万级洁净车间里，国内首条完整的"单丝—织物—产品"生产制备体系顺畅运转，实现人体修补医用经编网材料的国产化。

在新建，从农业到工业，从天然纤维到人造纤维，技术日新月异，而不变的是新建人秉承匠心，始终用勤劳与智慧谱写属于自己的精彩。

（倪晶）

TIPS

新建镇是全国最大的FDY细旦涤纶长丝生产基地。目前，该镇打造了化纤纺织产业集群，拥有华亚化纤、华宜针织、索力得新材料、天地化纤、国信复合材料等60多家产业链上企业，其中规上企业46家，已形成集聚合、纺丝、经编、织造、染整"五位一体"的链体产业经济，化纤纺织产业产值占全镇工业总产值比重近70%。

芥欣：资深吃货告诉你，要想感受宜兴的年味，团子是一定要吃的，而且首推绿苎头团子！从植物到食物，这是江南人的智慧，更是对这片土地的热忱。

绿娇娘　糯叽叽

年的气息越来越浓郁。

这时节，宜兴乡村家家户户开始做团子了。

灶膛的火亮堂着，锅里的水沸腾着，温暖的白雾在房梁上缭绕，空气中弥漫着淡淡的米香。

这个时候，总会怀念起儿时家中做团子、蒸团子、扇团子的场景，欢声笑语，其乐融融，甚至比过年都热闹。而这"白如雪，绿如玉，糯叽叽"的团子，也成为冬天早晨最为绵软温柔的舌尖记忆。

相较于白团子，绿苎头团子的制作更为讲究，采料、炝制、调馅、揉粉、包裹、笼蒸，每道工序都马虎不得。

好糯米是做好团子的首要条件。制作绿苎头团子的糯米粉，是用上好的宜兴地产糯米磨制而成，颗粒饱满，仿若珍珠。

绿苎头，又叫天青地白草，朝天一面是绿的，背面密被白绵毛，叶阔大，一丛便能极繁盛，像乡下大手大脚的姑娘。山间林下、屋后河边，都有她的影子。

每年端午前后，于山野中采摘绿苎头，删茎剪脉后用水煮，水开后捞出迅速挤掉水分，按比例加入适量生石灰进行炝制。

做团子时，先要将绿苎头清洗干净，漂去涩味残渣，再揉入糯米粉中拌匀，手工揉压至软硬适中、搓成条、分成块。最后，利用豆沙、芝麻、花生等馅料，施展娴熟的"指上技巧"，才能包裹出美味可口的绿苎头团子。

刚做好的绿苎头团子，如同青涩少女，等待华丽变身。放入竹笼上锅蒸制，需要随时观察火候。等到出笼时，那一个个上圆下平、青亮饱满的团子，如同一位位绿娇娘。

给团子扇风，直到透出晶莹的亮光，这要花点力气的，因而总有几个团子落肚。"啊呜"一口，唇齿飘香，满心的喜悦充盈全身……

（许琦）

195

苏欣：忙了一年，最盼这顿团圆饭。宜兴人的团圆饭主打一个鲜，你看，雁来蕈蒸蛋、咸肉煨冬笋、清蒸白鱼，还有那马兰拌的豆腐干……真是馋煞人。我不跟你们说了，我妈找我干饭了！

这桌菜　宜兴人的诚意

　　宜兴人讲究，逢年过节，或者是来了"大客人"，第一道上的就是宜兴头菜。无论是清贫年代，还是现如今，头菜都备受欢迎。它既不清淡，又不浓烈，且内容十足，是道吃功夫的菜，融进了宜兴人的诚意。

　　在宜兴，吃菜也要讲好意头的。吃口芹菜，勤勤俭俭；吃口鸡，没人欺；来条鱼，年年有余……

　　宜兴人对家乡的菜是执着，也是偏爱。

　　知名作家黑陶说，大栗爆鸡、红烧老鹅直如李白的《上阳台帖》，豪迈无羁。

　　雁来蕈、紫藤花跑蛋又似王羲之的《初月帖》，潇洒超逸。

　　孙过庭的《书谱》，像百合，像乌饭，像张公豆腐。

　　到了张旭狂草的《古诗四帖》，则绝类一砂锅热香诱人的咸肉煨笋。

　　杨凝式的《韭花帖》，非宜兴的野蒜饼莫属。

　　太华的楼下火锅，一锅煮苏、浙、皖三省，像吴昌硕的《石鼓文》，浑古雄强。

　　吴冠中对和桥豆腐干恋恋不舍，

　　徐铸成则念极了那口炒蟹粉，

　　尹汉胤最想那一口乌米饭，

　　卞兰偏爱那一锅横山鱼头汤。

　　宜兴人对家乡的爱，揉进了胃，记在了心。

（俞臣　俞婕）

TIPS

　　1. 宜帮菜以淮扬菜系为基础，但有着显著的地域特色，除"太湖三白"等典型的江南鱼米之乡特产外，笋、板栗、雁来蕈等山珍成为宜帮菜的一大亮点。

　　2. 白果鸡丁、白汁圆菜、菠萝乌饭、醋熘排骨、黑鱼三吃、开洋跑马蛋、绿茶虾仁、虾籽油焖茭白、炙骨、板油年糕、宜兴爆鱼等都是宜帮菜的代表。

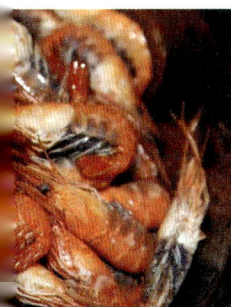

197

芥欣：有人说现在年味越来越淡了，我第一个站出来反驳。那些带着浓厚传统文化、乡土风情的活动一登场啊，那年味都要"潽"出来喽！

宜兴年　心安年

宜兴年　是心安年

一炉火　一把壶　七碗茶

蛟桥踏　月光洒

乡里乡音　宜兴话

一瓮米酒　甜到家

一窗刻纸　开出花

男亦欢　女亦喜　面具下　秋波滑

西乡青狮　东乡龙

十番锣鼓　调竹马

江南丝弦　音如霞

盾牌舞　蓑衣阵

少年郎　正风华

一曲梁祝

十八相送　到天涯

正月春好　雪皑皑

阳羡岭上　梅初开

微笑　微笑

拼却一醉　心安年

流连　流连

（徐沐明　张蔷）

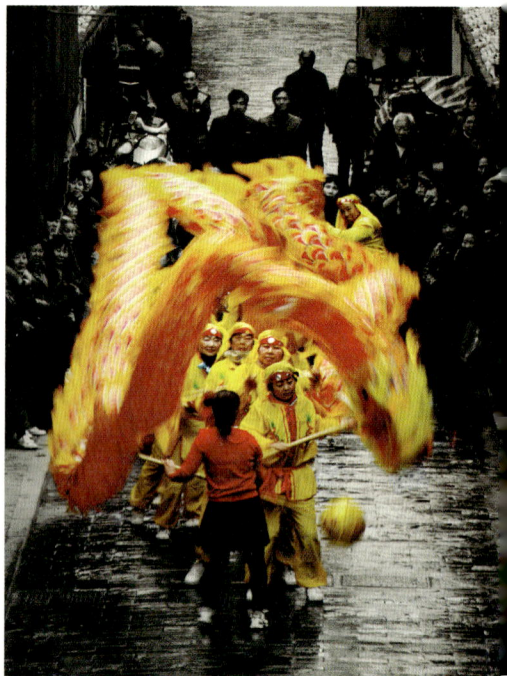

TIPS

　　1. 宜兴刻纸、男欢女喜、盾牌舞、西乡狮子舞、宜兴丝弦、十番锣鼓等均为省级非物质文化遗产。

　　2. 男欢女喜：为宜兴特有，由远古先民对生殖崇拜的祭祀仪式演化而来的假面舞，又叫"调褚茶"（也有写作"调殇亡"）。

　　3. 盾牌舞：集武术、舞蹈、鼓乐为一体的民间艺术表演，动作迅猛有力，队形复杂，战斗气氛浓烈。

　　4. 西乡狮子舞：主要流行于宜兴西乡一带，是融舞蹈、杂技、武术和音乐于一体的传统舞蹈形式。

199

苏欣：看《西园雅集图》，东坡先生与众友人西园聚会，众星云集，名士风流，让后人追慕不已。我想，按现下流行的MBTI人格测试划分，东坡先生一定是"E人"，虽一生颠沛，但有挚友相顾，从不寂寞。宜兴籍名臣蒋之奇，可谓是东坡相伴一生的知己。东坡著名的《楚颂帖》，就是他在元丰七年借居通真观郭宅时，写给蒋之奇的。

高山流水觅知音

世人嗟叹，与人交往，仿佛刺猬，为了御寒，挤在一起；为了自保，保持距离。想找个什么时候都可以说话的人，很难。想找个什么时候都说真话的人，更难。

苏轼，论才华，诗词、书法、绘画，无一不精；论魅力，千年来，人们口耳相传，声名远播。虽才学冠绝一世，但他活得却一点也不寂寞。因为在他身边，总有这样的人，能够让他付诸真心，让他随性说话，宜兴人蒋之奇当属其一。

苏轼和蒋之奇很早便相识。那年苏轼21岁，蒋之奇26岁，同年赴京赶考。在为新科进士准备的琼林宴上，他俩同桌。蒋之奇向苏轼介绍了家乡的风雅茶事。宋时的阳羡茶，皇室御用，天下奇珍，本就爱茶的苏轼，顿时对阳羡产生了浓厚兴趣，因此有了"鸡黍之约"。二人席间言谈甚为合拍，很快便成了好友，后来还与钱勰、王钦臣一道，被陆游称作"元祐四友"。

蒋之奇出生于宜兴官林的簪缨世家。汉唐时期，家族能人辈出，至宋时，伯父蒋堂多地为官。在苏轼家乡眉州任通判时，便与其伯父苏涣惺惺相惜，苏涣曾亲书感谢信《谢蒋希鲁及第启》于蒋堂。

父辈的情谊在后辈之间得到了升华。从锦瑟年华到垂垂老矣，四十多年间，苏轼与蒋之奇同为朝廷命官，虽天各一方，但始终保持着密切联系。

苏轼赴任路经宜兴，蒋之奇能陪就必定回来陪同。

蒋之奇离任去往新地，苏轼能送就必定前往相送。

苏轼在帮皇帝拟的敕文中称蒋之奇为"少有奇才，辅之博学，艺于从政，敏而有功"。

蒋之奇在获悉苏轼要卜居宜兴后，全力支持其买田、经营。

他俩一起刊刻《楞伽经》，并共同作序。

元祐元年正月，北使来问苏轼兄弟，蒋之奇写有《北客帖》。

……

在这段"双向奔赴"的友谊中，他们做到了褪去外壳、坦诚相待，倾诉担忧、分享喜悦，诗文唱和往来不绝，达数十首之多。一唱一和间，充分展现了他们随性自然、珍而重之的相处状态。

黄金易得，知音难求。伯牙子期，高山流水。或棋逢对手，或心意相通，人生得一知己，足矣。

（耿蕾）

冬 ❄

TIPS

1. 官林㠝亭侯墓，坐落于官林镇都山荡，始建于东汉，墓志铭为唐开元郴州博士齐光义所撰。墓主人蒋澄便是宜兴蒋家始祖，光武帝时官封㠝亭侯，曾出任婺州刺史，政绩显著。

2. 近两千年中，蒋澄子孙历朝文臣武将代不绝书，浙江溪口蒋氏也为宜兴蒋氏外迁一支。苏轼曾写诗感叹道："江南无二蒋，尽是九侯家。"

3. 2012年，官林镇在原地复建㠝亭侯墓，增建了牌坊和蒋公上岸码头等。

苏欣：去宜兴阁老厅吧，感受东坡墨韵心香。先生在《楚颂帖》中，以短短数语，构想了他心目中的"宜兴生活"。这是他一生未竟之梦，是先生漂泊逆旅中，温暖的动力。

弹指千年，海棠依旧。托庇于秀美山水，伴行于一众君子，宜游、宜居、宜业，宜兴美好生活，已然实现。先生泉下有知，定会大呼快哉！

来东坡眷恋的宜兴吧。在这里，心可安，人如愿。

如愿

九百多年前的某一天，苏轼从黄州再次踏上宜兴的土地，回看身不由己、颠沛流离的半生，这一次，他终于可以决定自己的归途，做回东坡居士。就这！不走啦！

心情舒朗，挥毫泼墨，终成集诗情、书法艺术于大成的名作《楚颂帖》，为后世所推崇。

"吾来阳羡，船入荆溪，意思豁然，如惬平生之欲。逝将归老，殆是前缘。王逸少云，我卒当以乐死。殆非虚言。吾性好种植，能手自接果木，尤好栽橘。阳羡在洞庭上，柑橘栽至易得。当买一小园，种柑橘三百本。屈原作《橘颂》，吾园若成，当作一亭，名之曰楚颂。"

《楚颂帖》又名《种橘帖》《橘颂帖》，文中的阳羡是宜兴旧称，荆溪是宜兴主要河流之一。如今再读此文，却有另一番领悟。

屈原写《橘颂》，吟咏其"苏世独立，横而不流"的品质。东坡对橘情有独钟也正在于此。

四季分明、物阜民丰的宜兴是先生偏爱之地。天时地利人和，此情此景是那么的"刚刚好"，甚至让这个"农技能手"萌生了在自家院子大干一场的想法。这也是他托庇自然、乐于入世的渊明情致。

"王逸少云，我卒当以乐死"，"当作一亭，名之曰楚颂"。就这样，因橘之精神，他与王羲之、屈原，完成了跨越时空的灵魂"碰撞"。

然造物弄人，命运多舛的苏轼最终未能完成种橘阳羡的愿望。

但缘分就是这般妙不可言。千年之后，在太湖之滨的宜兴周铁徐渎，六百多亩橘树在温暖如春的现代化大棚中舒展身姿。在全国脱贫攻坚楷模赵亚夫的带领下，橘已成百姓发展致富的金果果。

202

冬

吾来陽羨船入荆溪云忽富波如鋸平生之欲近將得老弦是前緣王近少云我平常以樂死於州屋言吾性好種植能手自接菓木尤好栽橘陽羨東洞庭上柑橘栽云易浮寬一園程柑橘三百本居厚作橋收吾園菓戌當作一亭名之曰楚頌元豐七年十月百書

橘之于宜兴，也许是巧合，也许是注定……东坡如若有知，是否还愿撸起袖子和乡邻们一起疏枝剪叶？如若他品尝到"洞庭之上"甜美柑橘，是否还会畅快大呼"卒当以乐死"？我想，答案是肯定的，愿意！

东坡先生，世间所有路都将与您相逢，我们已见到了您未见的世界，我们更将书写您未写的诗篇。美居阳羡，如您所愿。

（耿蕾）

TIPS

1.《楚颂帖》是元丰七年（1084），苏轼于宜兴通真观郭知训提举家中所写，原帖真迹早已毁灭。故宫博物院所藏的《苏东坡书法全集》亦收录该篇，名之为《种橘帖卷》。

2. 明成化年间，宜兴籍礼部尚书徐溥看到此帖的拓本后，将其摹刻于良石之上并带回宜兴家中，徐溥曾在《楚颂帖》后题跋，话说其摹刻的经过。现在宜兴阁老厅（即徐义庄祠）内可看到的《楚颂帖》碑刻为依原帖拓本摹刻。

3. 在书法领域，与之齐名的还有《阳羡帖》，是苏轼写给友人的半封信，真迹现藏于旅顺博物馆。

4. 明弘治五年，徐溥官至首辅，洑溪徐氏宗祠位于宜城街道，为全国文保单位。

205

设　计　鲁乾青　马妮兰　吴迪文

编　辑　杜晶　张云芳　许娟　史露萍　徐鹏　谢渴望　何沐静

摄　影　翟霄帆　蒋瑜　鲍祎珺　吴虹娴　井芬　殷旻　徐风

　　　　徐星审　周惠民　单祖英　赵振伟　丁焕新　陈伟亚　叶慧珠

　　　　周莱　朱琳俊　吴磊　诸玲霞　贺燕萍　刘政　丁欣

　　　　徐刚　熊新杰　曹俊　钟俊文

　　　　宜兴市山外山文化传播有限公司

出　品　宜兴市融媒体中心

　　　　宜兴市文体广电和旅游局